Elementi di Diritto Penale e di Procedura Penale

sintesi e ripasso

di

Rocco Mela

AF762294

Seconda Edizione

ELEMENTI DI DIRITTO PENALE E DI PROCEDURA PENALE: SINTESI E RIPASSO

First edition. January 16, 2022.

ISBN: 979-8201124939

Written by Rocco Mela.

Sommario

a Salvo

Indice

- DIRITTO PENALE -

Introduzione

Il diritto penale è una parte del diritto pubblico, perché il reato è un oggetto di interesse generale e collettivo; interessa l'intera società, non il singolo.

Anche quando i beni che esso protegge sono di pertinenza diretta degli individui (la vita, la libertà, l'onore), vengono sempre tutelati in vista di un interesse pubblico.

Soprattutto bisogna ricordare che l'azione diretta alla repressione dei reati è sempre pubblica e spetta allo Stato.

Il diritto penale è quel ramo della scienza giuridica che studia i fatti costituenti reato.

Il reato è ogni fatto umano alla cui realizzazione la legge riconnette sanzioni penali; quindi il reato richiede, per poter sussistere, la sanzione penale.

La definizione di diritto penale finora data riguarda il cosiddetto diritto sostanziale o materiale, che va tenuto distinto dal diritto penale processuale o formale, il quale è un ramo del diritto che disciplina il processo.

1. Il codice penale

Data di nascita del codice

In Italia il principale complesso di norme giuridiche penali è costituito dal codice penale, entrato in vigore il primo luglio 1931, in pieno periodo fascista.

Fu denominato "Codice Rocco" dal nome del guardasigilli che lo propose.

Ad oggi, seppure ampiamente rivisto e corretto, e ancora quello di 76 anni fa.

Constava originariamente di 734 articoli.

Invece il codice di procedura penale è stato sostituito con il codice Vassalli.

Composizione del codice

Il codice penale si compone di tre parti:

1- Primo Libro "Dei reati in generale": Costituisce la parte generale del codice penale, in quanto disciplina pone in essere tutte quelle regole che si possono applicare a qualunque tipologia di reato.

Fanno parte di questo libro i seguenti argomenti: la norma penale, il principio di legalità, gli elementi costitutivi del reato, le conseguenze del comportamento illecito.

2- Secondo Libro "Dei delitti in particolare";

3- Terzo libro "Delle contravvenzioni in particolare".

Gli ultimi due libri sono le parti speciali del codice.

Naturalmente le norme penali non si esauriscono all'interno del codice penale, ma si trovano anche nelle cosiddette leggi speciali (es. legge 309/1990, la legge sulla droga).

2. Caratteristiche della norma penale

Il diritto penale è costituito da un complesso di disposizioni contenute non solo nel c.p., ma anche in altri codici e in molte leggi speciali, ciascuna delle quali viene denominata norma penale.

La caratteristica fondamentale della norma penale è quella di avere una sanzione conseguente ad un comportamento.

Questa caratteristica la distingue da tutte le altre norme previste dal nostro ordinamento.

Le norme penali sono dislocate in qualunque ambito riguardante il diritto (quindi possono essere solamente una parte delle leggi).

Le sanzioni di nostro interesse sono contenute nell'art 17 c.p.:

Delitti:

- Ergastolo (carcere a vita);

- Reclusione (carcere ma a termine);

- Multa (sanzione pecuniaria)

Contravvenzioni:

- Arresto (pena detentiva che non può superare i tre anni);

- Ammenda (sanzione pecuniaria);

Tutte le sanzioni penali incidono sulla libertà dell'individuo.

Mentre la privazione della libertà nel caso della reclusione e dell'arresto è immediata, riguardo le pene pecuniarie è potenziale (cioè potrebbe provocarla successivamente).

Esempio: Tizio paga 2000 euro di multa per un reato non meglio specificato.

Il nostro ordinamento consente la rateizzazione della multa in funzione del reddito personale.

Ma se la persona è senza reddito, si attiva l'istituto della conversione della pena pecuniaria, consistente del sottoporre il soggetto condannato a misure di tipo diverso, quali ad esempio la libertà controllata.

Se il soggetto viola la libertà controllata si avrà il passaggio alla pena detentiva.

3. Principi costituzionali

Le norme penali devono sottostare a quelli che sono i principi generali della costituzione:

- **Principio di legalità**; art 25 secondo comma: Nessuno può essere punito se non in forza di una legge che sia entrata in vigore prima del fatto commesso.

- **Principio della personalità della responsabilità penale**; art 27 primo comma: La responsabilità penale è personale. (Nessuno può rispondere del reato al posto dell'interessato)

- **Principio di umanità del trattamento**; art 27 terzo comma: Le pene non possono consistere in trattamenti contrari al senso di umanità.

- **Principio della finalità rieducativa della pena**; art 27 terzo comma: Le pene devono tendere alla rieducazione del condannato;

- **Principio della libertà personale**; art 13: La libertà personale è inviolabile.

Non è ammessa forma alcuna di detenzione, di ispezione o perquisizione personale, né qualsiasi altra restrizione della libertà personale, se non per atto motivato dell'autorità giudiziaria e nei soli casi e modi previsti dalla legge. (In termine tecnico si chiamano riserva di legge –ossia nei casi previsti dalla legge- e riserva di giurisdizione –ossia in caso di provvedimento del giudice-)

Principio di legalità

Il principio, previsto anche nella dichiarazione internazionale dei diritti dell'uomo, è il cardine di tutto il diritto penale.

Con questo principio si rispetta l'esigenza che la produzione e l'applicazione delle norme penali siano sottoposte al monopolio della legge.

La costituzione ne parla anche nell'art 25 comma secondo e terzo.

Il principio è trattato nell'articolo 1 del codice penale:

- Reati e pene: disposizione espressa di legge

Nessuno può essere punito per un fatto che non sia espressamente preveduto come reato dalla legge, né con pene che non siano da essa stabilite.

Questo principio serve a garantire il cittadino perché la legge viene creata in parlamento, il quale è eletto dal popolo, e quindi da ogni singolo cittadino; così non sarebbe se la legge fosse posta in essere dal governo, il quale rappresenta solo una parte della popolazione).

Questo principio può essere suddiviso in tre sottoprincipi:

1- Principio della riserva di legge (o di stretta legalità): riguarda la fonte.

La norma penale esiste solo nella legge, e non in altre fonti normative.

Quindi non possono essere fonte di diritto penale i regolamenti, ad eccezione di quelli che specificano meglio i contenuti di una legge (ad esempio il regolamento che elenca le droghe pesanti e leggere).

Ma diverso discorso è da farsi riguardo il decreto legge ed il decreto legislativo; i predetti sono fonte di diritto penale, in quanto diverranno leggi grazie o all'approvazione parlamentare o per un controllo a monte, sempre del parlamento.

2- Principio di determinatezza e tassatività della norma penale: riguarda il contenuto.

La norma penale, dal punto di vista contenutistico, deve essere formulata in maniera chiara, precisa e determinata in ogni suo elemento, in maniera tale che si possa stabilire con certezza quali siano i comportamenti vietati e quelli leciti.

Ciò serve come garanzia per il cittadino, il quale può disporre del diritto di difesa e anche per il giudice, che non ha dubbi su come applicare la legge.

La determinatezza riguarda la norma nel suo contenuto, la tassatività invece riguarda la norma nelle sue possibili evoluzioni esterne, che sono vietate.

È vietata ogni cosiddetta applicazione analogica, ossia l'applicazione della norma ad un contenuto simile (ciò è permesso in altri rami del diritto, ma non in quello penale).

La determinatezza la si può guardare in una doppia ottica:

- Determinazione della fattispecie: ogni tipo di reato deve avere una enunciazione precisa.

- Determinazione della pena: si deve sapere a cosa si va incontro quando si tiene un comportamento criminoso; si deve sapere che si commette un reato e a quale pena si va incontro. Il secondo punto è un po' più complesso, perché rubare un gioiello non è la stessa cosa che rubare una mela. Quindi la pena oscilla tra un minimo e un massimo (il minimo e il massimo sono posti in essere dal legislatore, il giudice sceglierà tra questo range).

3- Principio della irretroattività della norma penale: riguarda l'efficacia della norma nel tempo.

Questo principio è sancito dall'art 2 del codice penale (oltre che dal secondo comma della costituzione): la sanzione penale non può essere applicata a fatti anteriori la sua entrata in vigore.

Tuttavia il predetto non è un principio assoluto, infatti sussistono delle deroghe (delle eccezioni): ciò avviene nel caso in cui la nuova sanzione penale è più favorevole di quella precedente.

In base alle irretroattività delle norma penale, si possono formulare tre ipotesi:

- Prima ipotesi: un'azione che prima era lecita, costituisce reato; in questo caso, per tutte le azioni effettuate anteriormente l'entrata in vigore della legge, vige il citato principio.

- Seconda ipotesi: un'azione che prima costituiva reato viene considerata lecita; in questo caso non si applica il principio di irretroattività (sia per chi è sotto processo sia per chi sta già espiando la condanna)

- Terza ipotesi: si modifica la sanzione penale; in questo caso se la modifica è peggiorativa vige il principio di irretroattività, se invece è migliorativa il principio non verrà applicato.

A sua volta il principio di retroattività prevede delle eccezioni; i casi sono due, e sono previsti dal codice penale sempre all'articolo 2: riguardano le leggi eccezionali e le leggi temporanee.

4. Ambito di operatività della legge penale

Limiti spaziali

Per prima cosa bisogna stabilire dove è applicabile la legge, ossia bisogna definire l'ambito spaziale di applicazione della legge penale.

In tal proposito bisogna asserire che nel nostro ordinamento vige il principio di territorialità, primo comma dell'art 3 del codice penale: la legge italiana obbliga tutti coloro che, cittadini o stranieri, si trovano nel territorio dello Stato.

Questo principio è ribadito dal primo comma dell'art 6: chiunque commette un reato nel territorio dello Stato è punito secondo la legge italiana

Per territorio dello Stato si intende quanto dice il secondo comma dell'art 4 del codice penale: Agli effetti della legge penale, è "territorio dello Stato" il territorio "della Repubblica", quello delle colonie ed ogni altro luogo soggetto alla sovranità dello Stato. Le navi e gli aeromobili italiani sono considerati come territorio dello Stato, ovunque si trovino, salvo che siano soggetti, secondo il diritto internazionale, a una legge territoriale straniera.

Il territorio dello Stato, oltre alla terraferma, comprende il cosiddetto mare costiero, ossia lo specchio d'acqua che circonda la costa fino ad una distanza di 12 miglia.

Oltre al mare costiero, nel territorio dello Stato è compreso il sottosuolo fin dove può spingersi l'attività umana ed anche lo spazio atmosferico sovrastante.

Infine, l'art 4 del codice penale sancisce che "le navi e gli aeromobili italiani sono considerati come territorio dello Stato, ovunque si trovino; questa norma è tuttavia derogabile se si è soggetti, secondo il diritto internazionale, ad una legge territoriale straniera.

L'art 4 altresì non è che la "legge della bandiera"; è assoluta riguardo i mezzi militari.

Per quanto riguarda il luogo del commesso reato, l'art 6 c.p. (principio di ubiquità) sancisce: "il reato si considera commesso nel territorio dello Stato, quando l'azione o l'omissione che la costituisce è ivi avvenuta in tutto o in parte, ovvero si è ivi verificato l'evento".

Qualora il reato sia iniziato in territorio straniero e consumato in Italia o cominciato in Italia e consumato all'estero o comunque veda realizzato in Italia anche soltanto un frammento della condotta, si considera sempre commesso in Italia.

Così si considera commesso in Italia il reato di colui che spedisce all'estero dei dolci avvelenati... Per stabilire se un reato sia tentato o consumato si deve tenere conto della parte verificatasi all'estero; se la condotta si svolge in Italia e l'evento all'estero, il fatto è consumato e non semplice tentativo.

Limiti personali

L'art 3 del c.p. reca: "la legge penale italiana obbliga tutti coloro che sono cittadini o stranieri che si trovano nel territorio dello Stato, salvo eccezione del diritto pubblico interno ed internazionale".

Tale principio quindi non esclude l'esistenza di condizioni speciali a favore di determinate persone, che ricoprono uffici di particolare importanza.

Sono queste le c.d. immunità o prerogative, le quali implicano un particolare trattamento. Ad esempio il capo dello Stato è ritenuto non responsabile degli atti compiuti nell'esercizio delle sue funzioni tranne che per l'alto tradimento e attentato alla costituzione; deputati, senatori, giudici della corte costituzionale, componenti del CSM non possono essere chiamati a rispondere delle opinioni espresse e dei voti dati nell'esercizio delle loro funzioni.

Altre immunità derivano dalle consuetudini internazionali riconosciute dal diritto interno e precisamente:

1- Il Papa;

2- I capi di Stato esteri, nonché i membri della famiglia e del seguito che li accompagnano;

3- I capi di Governo e Ministri esteri in conferenze o organizzazioni internazionali;

4- Gli agenti diplomatici accreditati presso lo Stato italiano;

5- I rappresentanti dell'Onu;

6- Gli appartenenti al corpo della Nato.

Se queste persone commettono reato in Italia, verranno giudicati secondo la legge del loro Stato.

5. Il reato

Definizione formale del reato

Per reato si intende ogni fatto umano al quale la legge riconnette una sanzione penale.

La predetta è una definizione solo di natura formale, non guarda alla sostanza del reato.

Colui che compie l'illecito penale è il soggetto attivo del reato, designato dal nostro codice con la parola "reo".

In ogni reato, oltre al soggetto attivo, esiste un oggetto definito oggetto giuridico, il quale altro non è che il bene giuridico (bene protetto dal diritto).

Quindi se formalmente il reato è violazione di una norma giuridica, sostanzialmente consiste nell'offesa del bene che la norma intende proteggere.

In ogni reato vi è anche un soggetto passivo, cioè la vittima del reato, o meglio, il titolare dell'interesse la cui offesa costituisce l'essenza del reato (ad esempio nell'omicidio il soggetto passivo è soltanto l'ucciso e non i congiunti dello stesso).

Il codice penale vigente adotta la bipartizione per cui i reati vengono classificati in delitti e contravvenzioni secondo la diversa specie delle pene per essi stabilite.

Secondo tale summa divisio, che tiene conto della qualità e dell'entità della sanzione che indica la gravità che il legislatore attribuisce al fatto, si definiscono:

- Delitti quei reati per i quali sono comminate le pene dell'ergastolo, reclusione e multa;

- Contravvenzioni quei reati puniti con l'arresto e l'ammenda.

La distinzione è effettuata sia con un criterio sostanziale che formale.

Sostanziale perché si ha una distinzione di natura quantitativa (i delitti sono illeciti penali più gravi delle contravvenzioni).

Formale perché si ha una distinzione che poggia sulle diverse pene a cui si va incontro.

Forme di manifestazione del reato

Nello studio analitico del reato bisogna anzitutto distinguere tra gli elementi essenziali e gli elementi accidentali.

Sono essenziali quegli elementi che costituiscono l'essenza del reato senza i quali il reato non può esistere. In altre parole sono gli elementi che la legge ritiene indispensabili affinché un comportamento possa essere considerato reato e come tale punito (ad esempio per l'omicidio –art 575 c.p.- è qualunque condotta idonea a cagionare la morte). Sono detti elementi costitutivi.

Sono accidentali quegli elementi la cui presenza o assenza non influisce sulla esistenza del reato, ma sulla gravità e quindi sull'entità della pena; sono indicati anche con il termine "circostanze di reato", attenuanti o aggravanti.

Sono aggravanti quando comportano un aumento della pena prevista per quel reato: ad es. nell'omicidio doloso un'aggravante è la premeditazione (dai 21 anni si passa all'ergastolo).

Invece le attenuanti comportano una diminuzione della pena: ad es. nel sequestro di persona, se poco dopo si libera si sequestrato, si passa dai 25/30 ai 6/8 anni.

Le circostanze inoltre si distinguono in comuni (art 61-62 c.p.) se si riferiscono a qualunque reato, in speciali se si riferiscono ad un particolare tipo di reato.

L'analisi degli elementi essenziali del reato ha ravvisato 2 componenti:

1- L'elemento oggettivo, cioè il fatto dell'uomo;

2- L'elemento soggettivo, cioè la colpevolezza.

L'elemento oggettivo

A costituire l'elemento oggettivo del reato concorre anzitutto un'azione o una omissione indicate con termine di "condotta" o "azioni in senso lato". La condotta umana di regola non basta a costituire il primo elemento essenziale del reato: occorre anche un risultato, un effetto della condotta (per esempio la morte di un uomo nel reato di omicidio).

Questo risultato di dice "evento". Tra la condotta e l'evento deve esistere un legame, e più precisamente un rapporto di causalità.

Ne risulta, quindi, che l'elemento oggettivo del reato si compone di 5 elementi:

1- **Il soggetto attivo**: l'autore del reato;

Il soggetto attivo è la persona fisica che pone in essere un comportamento che corrisponde ad una fattispecie prevista dal codice penale. Se ci sono responsabilità previste da una persona giuridica, ci sarà sempre una persona fisica che ne risponde (ad es. il recente caso di "calciopoli", dove si sono incriminati gli amministratori delle società di calcio).

Con un decreto legislativo del 2001, le persone giuridiche rispondono solamente attraverso le pene pecuniarie.

In relazione al soggetto, il reato si può distinguere in due grandi categorie: il reato comune, che può essere commesso da chiunque, e quello proprio. Il reato si dice proprio quando si richiede che l'autore (che può essere fisico o giuridico) abbia una ben precisa qualifica (ad es. l'infanticidio può essere commesso solo dalla madre); ci sono casi in cui il reato, per esistere, deve essere proprio (incesto). In altri casi invece, al cambiare del soggetto cambia il reato: se l'infanticidio non viene compiuto dalla madre, il reato si trasforma in omicidio;

2- **Condotta**: qualunque comportamento umano rilevante per l'identificazione della tipologia di reato.

Il comportamento può essere di diversa natura; può consistere in un fare (azione) o in un non fare (omissione). L'azione consiste in un movimento del corpo che si manifesta all'esterno, ossia che sia visibile dagli altri.

L'omissione consiste in un non fare ciò che la legge obbliga, e in questo caso si parla di reato omissivo proprio (es. omissione di soccorso), oppure nel non impedire un evento che il soggetto attivo avrebbe l'obbligo di impedire, e allora si parla di reato omissivo mediante omissione (es. il mancato soccorso del bagnino di un uomo in mare). Tutti e due i reati omissivi saranno considerati tali solo nel caso in cui si avrà avuta la possibilità di intervenire.

Comunque sia, il comportamento deve essere assolutamente visibile all'esterno, perché non si può incriminare nessuno delle sue intenzioni (principio di materialità)!

In relazione alla condotta distinguiamo i reati a condotta vincolata, i quali sono reati descritti con grandissima precisione dal c.p. (es. la truffa), e i reati a condotta libera, per i quali la legge descrive solamente il risultato che deve conseguire la condotta (es. l'omicidio).

Nel caso in cui si verificasse la presenza di una pluralità di azioni, bisogna stabilire quando queste non incarnino diverse fattispecie di reato ma solamente uno.

Perché si possa parlare di unicità di azione è necessario che ricorrano i due seguenti requisiti:

- Deve ricorrere la contestualità degli atti, ossia gli atti devono essere compiuti senza soluzione di continuità;

- È necessario che ci sia un rapporto diretto tra il comportamento tenuto ed il cosiddetto bene tutelato, ossia tutti i comportamenti devono essere diretti al medesimo oggetto: insultare una persona e aggredirla fisicamente sono comportamenti che incidono su beni protetti diversi;

3- L'oggetto della condotta;

4- **Evento**: la conseguenza, l'effetto del comportamento tenuto (ad es. per l'omicidio è la morte). Non è necessario che ci sia una contestualità tra l'azione e l'evento; può anche succedere che l'evento si realizzi a distanza di tempo e in un luogo diverso da dove si è realizzata la condotta.

Comunque non tutti i reati hanno un evento, ma possono sostanziarsi nella sola condotta (es. falsa testimonianza); quindi si distinguono reati di evento e reati di mera condotta (ossia senza evento).

5- **Rapporto di causalità**: deve sussistere uno stretto legame tra la condotta del soggetto e l'evento; il rapporto di causalità rappresenta il nesso di imputazione, perché consente di imputare il fatto al suo autore.

Il nesso di causalità non sempre è facile da identificare, perché nel verificarsi dell'evento possono intervenire anche delle condizioni esterne di varia natura; ad es. una persona viene colpita da sasso, e si genera una ferita completamente curabile, tuttavia la vittima è emofilica e muore.

Per l'esistenza del rapporto di causalità occorrono due elementi, uno positivo e uno negativo:

- Il positivo è che l'uomo con la sua azione abbia posto in essere una condizione dell'evento, e cioè un antecedente senza il quale l'evento stesso non si sarebbe verificato;

- Il negativo è che il risultato non sia dovuto al concorso di fatti eccezionali.

Allorché un legame di dipendenza esiste tra l'azione ed il risultato, ma questo, in seguito al concorso di fattori eccezionali, non è imputabile all'uomo, il rapporto tra l'una e l'altra può dirsi occasionale.

In questa ipotesi si può parlare di esclusione del rapporto giuridico di causalità.

In applicazione a ciò dovrà negarsi l'esistenza del nesso di causalità fra l'azione iniziale e l'esito finale, ad es. quando un colpo di sasso determina la morte di un emofiliaco.

La disciplina del codice attuata sulla materia si evince dall'art 41 c.p: "il concorso di cause preesistenti, o simultanee o sopravvenute, anche se indipendenti dall'azione od omissione del colpevole, non esclude il rapporto di causalità fra l'azione od omissione e l'evento (primo comma)". Le cause sopravvenute escludono il rapporto di causalità quando sono state da sole sufficienti a determinare l'evento.

"In tal caso, se l'azione od omissione precedentemente commessa costituisce di per sé un reato, si applica la pena per questo stabilita (secondo comma)".

6- **Il soggetto passivo**: è il titolare dell'interesse leso, da non confondere con il danneggiato dal reato (denominato "persona danneggiata". In molti casi soggetto passivo e persona danneggiata coincidono, ma non sempre (ad es. i familiari di una persona uccisa).

L'elemento soggettivo (colpevolezza)

Concerne la psicologia del soggetto che compie reato.

Affinché si abbia il reato non basta il fatto materiale(o elemento oggettivo) ma occorre anche il concorso della volontà (c.d. colpevolezza o volontà colpevole).

Dalle disposizioni contenute negli art 42 e 43 del c.p. di desume che nel nostro diritto l'elemento soggettivo del reato presuppone la coscienza e la volontà dell'azione od omissione, e che può assumere due forme fondamentali: il dolo e la colpa.

L'essenza della colpevolezza viene ravvisata in un rapporto di contraddizione tra la volontà del soggetto ed una norma giuridica.

La colpevolezza la si può guardare da due angolazioni:

- Si ha un atteggiamento psicologico nei confronti della norma incriminatrice: il soggetto ha agito pur conoscendo la norma o ha agito non conoscendo la norma pur avendo il dovere di conoscerla;

- Si ha un atteggiamento psicologico con il quale si pone in essere il reato: il soggetto lo ha voluto con tutte le sue forze o non ha fatto nulla per evitarlo.

L'elemento soggettivo si compone di:

1- Dolo

Il dolo è la forma più grave di elemento psicologico. È previsto genericamente nell'art 42 c.p.: "nessuno può essere punito per un fatto preveduto dalla legge, se non l'ha commesso con dolo".

Il reato doloso vale per tutte le tipologie di reato.

Il dolo si distingue in intenzionale, diretto ed eventuale.

Si dice intenzionale quando il soggetto attivo vuole con tutte le sue forze non solo realizzare la condotta, ma anche che si verifichi l'evento consequenziale.

Si dice diretto quando il comportamento tenuto è solo un mezzo necessario per realizzare uno scopo voluto. Per cui il soggetto attivo, per raggiungere il suo scopo, è disposto a mantenere quel comportamento: ad es. un terrorista che ha intenzione di sequestrare un personaggio politico accerchiato dalle guardie del corpo, ucciderà le predette perché ostacolano il sequestro.

Nel dolo eventuale la commissione del reato è soltanto una possibile conseguenza di una condotta che è finalizzata ad altri scopi: è il caso, per es. di chi collocando una bomba in un luogo pubblico con l'intento di provocare del panico, prevede che qualche passante possa restare ucciso e tuttavia pone in essere l'azione criminosa.

Altra distinzione va fatta tra dolo generico e dolo specifico:

- Si ha dolo generico quando basta che sia voluto il fatto descritto nella norma incriminatrice;

- Si ha dolo specifico quando la legge esige che il soggetto abbia agito per un fine particolare e la realizzazione non è necessaria per l'esistenza del reato (ad es. nel furto si cerca il fine di "trarre profitto" dalla cosa mobile sottratta); comunque, ai fini della punizione, il dolo specifico non ha importanza: se il ladro ruba un borsello che poi risulta essere vuoto, verrà punito ugualmente;

2- Colpa

La colpa è meno grave rispetto al dolo (rispetto a quest'ultimo la colpa comporta un forte abbattimento di pena).

A differenza del dolo, non è prevista una norma a carattere generale; infatti la colpa è prevista solamente in determinati reati.

Si ha la colpa quando l'agente agisce non volendo l'evento, anche se talora possa anche prevederlo: in altre parole, è voluto il comportamento, ma non l'evento; quindi la consapevolezza, nella colpa, è legata solo al comportamento.

Dunque la legge punirà il reato commesso, ma per colpa e non per dolo.

L'evento si verifica perché l'agente, nel porre in essere l'azione, non ha rispettato talune regole comportamentali.

Queste regole possono essere non scritte, ossia norme derivate dalla comune esperienza e che tutti normalmente rispettano (il mancato rispetto può causare danni), oppure scritte (leggi, regolamenti, ordini).

Non rispettando le predette regole si agisce con colpa.

In particolare le regole non scritte si dividono in tre tipi:

- La negligenza: non si fa qualcosa che si dovrebbe comunemente fare. Ad es. la sera prima di andare a dormire è regola non scritta chiudere la valvola del gas; se ciò non si fa, e scoppia la palazzina, si ha colpa (ma non dolo);

- L'imprudenza: si ha quando la regola comportamentale mi vieta di fare una determinata azione, che io invece pongo in essere. Ad es. su una strada vi è il limite di 80 Km/h, e invece si viaggia a 130 Km/h;

- L'imperizia: significa fare un qualcosa rispetto alla quale non abbiamo le conoscenze utili per farla correttamente. Ad es. si presta soccorso somministrando farmaci che solo un medico è in grado di somministrare.

Le regole scritte si dividono anch'esse in tre tipi:

- Le leggi;

- I regolamenti: che hanno una portata di carattere generale come le leggi, ma la differenza consiste nella specificità dell'oggetto

- Gli ordini; hanno una portata ancora più limitata, perché si rivolgono soltanto a specifiche categorie di persone, come ad es. gli ordini di una fabbrica.

Una distinzione che si suole fare è quella tra colpa generica e colpa specifica: la colpa è generica quando riguarda tutti i consociati, specifica quando riguarda soltanto determinate categorie di persone (le colpe specifiche sono previste nei regolamenti e negli ordini).

Altra distinzione si fa tra colpa incosciente, cosciente e con previsione.

La colpa è incosciente quando l'agente non è consapevole di trasgredire una regola e quindi non può prevedere l'evento. Ad es. l'automobilista che non si accorge di superare il limite di velocità.

La colpa è invece cosciente quando l'agente è consapevole di trasgredire la regola, ma non prevede assolutamente l'evento. Ad es. l'automobilista sa di aver superato il limite di velocità, ma non prevede di trovare subito dopo una coda e di andarsi a schiantare.

La colpa è infine con previsione quando l'agente sa di trasgredire una regola e di avere conseguenze negative, ma non ne tiene egualmente conto. Ad es. l'automobilista viaggia ad alta velocità ed è consapevole che ciò può essere pericoloso, ma si fida della sua abilità da pilota e se ne frega.

È chiaro che in caso di un processo, l'accertamento del tipo di colpa non è sempre facile, così come non è facile stabilire se un reato è stato commesso con dolo o con colpa.

Spetta al giudice decidere.

3- Preterintenzione.

Si ha quando dal comportamento dell'agente deriva un evento dannoso più grave di quello voluto. In questi casi si parla di reati oltre (preter) l'intenzione.

Il c.p. prevede solamente due casi di reato preterintenzionale: l'omicidio e l'aborto.

Si ha omicidio preterintenzionale quando l'agente compie delle azioni dirette a percuotere, ma in conseguenza di queste percosse la persona aggredita muore.

Si ha aborto preterintenzionale quando le percosse sono rivolte nei confronti di una persona incinta la quale, a seguito delle predette, abortisce.

6. Cause di esclusione del reato

Cause di esclusione del reato sono le situazioni che impediscono il configurarsi del reato.

L'errore

L'errore, previsto nel codice penale, nasce da una visione non corretta di quella che è la realtà.

Questa inesatta conoscenza fa si che io mi comporti in un modo diverso da quello in cui mi sarei comportato se avessi avuto la visione corretta della realtà. In sostanza l'agente sbaglia perché non conosce.

L'errore, nel c.p, viene disciplinato in due momenti diversi:

1- Nel momento della formazione della volontà;

2- Nel momento di esecuzione del reato.

Errore nel momento della formazione della mia volontà

La mia volontà nasce già viziata, poiché frutto di un errore. A questa situazione la legge equipara l'ignoranza (la mancanza di conoscenza).

Si possono distinguere altri due sottotipi di errore: l'errore sul fatto e l'errore di diritto.

L'errore sul fatto è un'erronea visione della realtà esterna. Ad es. il cacciatore spara pensando di colpire un cervo, ma invece il bersaglio risulta essere un uomo; l'errore sul fatto esclude il dolo, ma non la colpa.

L'errore di diritto altresì non è che la famosa ignoranza della legge.

Mi comporto in un determinato modo perché sconosco la legge che mi impedirebbe di farlo.

L'ignoranza della legge è trattata nell'art 5 c.p.:

Ignoranza della legge penale

Nessuno può invocare a propria scusa l'ignoranza della legge penale.

Tuttavia, per attenuare l'eccessivo rigore del predetto articolo, è intervenuta la corte costituzionale: La Corte costituzionale, sentenza 24 marzo 1988, n. 364, ha dichiarato l'illegittimità di questo articolo nella parte in cui non esclude dall'inescusabilità dell'ignoranza della legge penale l'ignoranza inevitabile.

Quindi bisogna accertare di caso in caso se quell'ignoranza di legge poteva essere evitata.

Es.: la ragazza che è fuggita dal pedofilo austriaco, se avesse commesso un reato contro il regolamento della strada, non sarebbe stata giudicata, perché non ha mai potuto avere il modo di conoscere il regolamento, in quanto segregata da anni.

Errore nel momento di esecuzione del reato

Sussistono due ipotesi:

- Reato commesso nei confronti di una persona diversa da quella che si voleva. Ad es. si voleva uccidere Tizio ma si uccide Caio. Questo tipo di errore non scusa alcunché, poiché è comunque un reato commesso con dolo intenzionale.

- Reato diverso da quello voluto. Es.: Tizio spara a Caio con l'intenzione di ucciderlo, ma invece ferisce un passante. Tizio verrà condannato per tentato omicidio nei confronti di Caio (ne risponderà con dolo), e per lesioni nei confronti del passante (ne risponderà con colpa).

7. Le cause di giustificazione (o scriminanti)

Sono delle situazioni in presenza delle quali un fatto di reato diventa lecito.

Queste situazioni fanno venire meno il carattere antigiuridico del fatto: chi lo commette non può essere punito.

Le cause di giustificazione operano oggettivamente, ossia indipendentemente dalla consapevolezza che ne possa avere chi agisce in quel momento.

Le cause di giustificazione sono comuni quando si applicano a tutti i reati:

Legittima difesa

La legittima difesa è trattata nell'art 52 c.p.: "non è punibile chi ha commesso il fatto per esservi stato costretto dalla necessità di difendere un diritto proprio od altrui contro il pericolo attuale di un'offesa ingiusta, sempre che la difesa sia proporzionata all'offesa."

Quindi per diritto non si intende solamente il diritto alla vita, ma qualunque tipo.

È necessaria la presenza di un'offesa ingiusta e di un comportamento che faccia intendere in modo chiaro la volontà di attentare ad un mio diritto.

E il pericolo deve essere attuale: non si può agire preventivamente perché si teme una azione futura. Ne tanto meno si può reagire a distanza di tempo dall'offesa.

E comunque sia la difesa deve essere proporzionata all'offesa ricevuta.

Il 13 febbraio 2006 è stata emanata la legge 59 che, tra le altre cose, ha aggiunto due commi al predetto articolo: "Nei casi previsti dall'articolo 614 c.p., primo e secondo comma, sussiste il rapporto di proporzione di cui al primo comma del presente articolo se taluno legittimamente presente in uno dei luoghi ivi indicati usa un'arma legittimamente detenuta o altro mezzo idoneo al fine di difendere:

a) la propria o altrui incolumità;

b) i beni propri o altrui, quando non vi è desistenza e vi è pericolo di aggressione.

La disposizione di cui al secondo comma si applica anche nel caso in cui il fatto sia avvenuto all'interno di ogni altro luogo ove venga esercitata un'attività commerciale, professionale o imprenditoriale".

Stato di necessità

Ai sensi dell'articolo 54 "non è punibile chi ha commesso il fatto per esservi stato costretto dalla necessità di salvare sé o ad altri dal pericolo attuale di un danno grave alla persona, pericolo da lui non volontariamente causato, né altrimenti evitabile, sempre che di fatto sia proporzionato al pericolo".

Es: due naufraghi possono rimanere a galla aggrappandosi ad una piccola tavolozza di legno. Tuttavia la predetta tavola può sostenere il peso di una sola persona. In questo caso si può uccidere l'altro, non incorrendo in nessun tipo di reato.

Pur presentando affinità con la legittima difesa, se ne differenzia sostanzialmente, dal punto di vista etico e giuridico:

- nelle premesse, poiché viene leso il diritto non di un aggressore, ma di un terzo innocente, che non ha determinato la situazione di pericolo;

- nei conseguenti limiti, poiché deve trattarsi di diritti personali ed esistere il pericolo di un danno grave e non volontariamente causato;

- nelle conseguenze, poiché lascia residuare sul piano civile l'onere di versare un equo indennizzo al soggetto pregiudicato.

Lo stato di necessità implica una situazione di pericolo e una condotta lesiva da parte del soggetto che versa in pericolo.

La situazione di pericolo

Il pericolo deve consistere nella minaccia di un danno alla persona, cioè ad un diritto non patrimoniale, ma personale, che come tale comprende anche la libertà fisica e morale, la libertà sessuale, il pudore e l'onore, e non soltanto la vita e l'integrità fisica. Il pericolo deve essere, come già visto per la legittima difesa, attuale. Inoltre, bisogna che sia non volontariamente causato dall'agente. Il pericolo deve avere per oggetto un danno alla persona, non qualsiasi ma grave, tale cioè da giustificare il pregiudizio di un innocente.

La condotta lesiva

Anche nello stato di necessità debbono ricorrere i tre requisiti autonomi, sovente oggetto invece, di sovrapposizioni: della necessità di salvarsi, della inevitabilità altrimenti del pericolo, della proporzione tra il fatto e il pericolo.

- la necessità di salvarsi si ha, anche qui, quando il soggetto era nell'alternativa tra subire o recare un danno, ma deve essere intesa in modo più rigido;

- pure la inevitabilità altrimenti del pericolo, che anche qui sta a significare la impossibilità, rapportata alla situazione concreta, di salvarsi con una offesa meno grave di quella arrecata, va interpretata più rigorosamente che nella legittima difesa.

- lo stesso vale per la proporzione tra il fatto e il pericolo che si ha quando il male inflitto è uguale o inferiore a quello, grave, che si è evitato.

Il consenso dell'avente diritto

Non è punibile chi lede o pone in pericolo un diritto, con il consenso della persona che può validamente disporne. Si pongono in materia tre ordini di problemi, concernenti:

- **La natura**. Circa la controversa natura giuridica, il consenso non è un negozio né di diritto penale né di diritto privato, ma, come ormai si riconosce, è un mero atto giuridico, un permesso con cui si conferisce al destinatario un potere di agire, senza che si crei alcun rapporto di diritti e obblighi e che ha come unico effetto di escluderne l'illiceità per il semplice abbandono del proprio interesse ed accettazione del fatto.

- **I limiti**. Circa i limiti, il consenso deve avere per oggetto: a) un diritto, comunemente inteso nel senso lato di qualsiasi bene, tutelato dalla norma penale; b) disponibile. Indisponibili sono i beni facenti capo allo Stato, alla collettività non personificata o alla famiglia. Circa i beni, facenti capo i singoli, incontestabilmente disponibili sono i diritti patrimoniali. Nella più controversa categoria dei diritti personalissimi, assolutamente indisponibile è la vita.

Sono invece disponibili i diritti che riguardano l'integrità fisica: in altre parole, non si può andare oltre il danno permanente (non ci si può far tagliare un braccio), a meno che la minorazione fisica non sia prevista per legge (donazione del rene...).

- **La validità del consenso**. Quanto alla validità del consenso, occorre, innanzitutto, che chi consente sia legittimato a consentire. Tale è il titolare, persona fisica o giuridica, dell'interesse protetto dalla norma perché, altrimenti, sarebbe soggetto passivo del reato. Il consenso deve essere effettivo, non espresso cioè per scherzo, simulazione, riserva mentale; libero, cioè non viziato da violenza, errore, dolo; attuale, cioè preesistente al momento del fatto, e perdurante per tutta la durata di questo; determinato. E scrimina nei limiti in cui è concesso, potendo il soggetto delimitarne l'oggetto e l'ambito, porre termini, condizioni e modalità di lesione del bene. Non è richiesta, invece, alcuna particolare forma, essendo sufficiente che la volontà sia riconoscibile dall'esterno. Può essere, perciò, non solo espresso, ma anche tacito.

L'esercizio di un diritto

Ai sensi dell'art 51 c.p, ogni qualvolta un soggetto titolare di un diritto esercita il predetto laddove sia espressamente previsto dalla legge, egli non può essere punito.

Es: il diritto dei genitori di educare i figli (si può dare lo schiaffo ai figli).

I casi più importanti di esercizio di un diritto sono i seguenti: diritto di cronaca, disciplina familiare, offendicoli (con questo termine si indicano i mezzi offensivi predisposti a difesa della proprietà, come filo spinato, punte di ferro nei cancelli, cocci di vetro sui muri di cinta), attività medico – chirurgica.

L'adempimento di un dovere

Per disposto dell'art 51 c.p., "l'adempimento di un dovere imposto da una norma giuridica o da un ordine legittimo della pubblica autorità, esclude la punibilità". Classici esempi sono quelli del soldato che uccide in guerra, del boia che esegue una condanna a morte, dell'agente della forza pubblica che effettua una perquisizione domiciliare. Per norma giuridica si deve intendere non solo la legge statale, ma anche ogni altra forma del diritto, compresa la consuetudine. Se vi è rinvio da parte del diritto interno, è norma giuridica anche la norma del diritto internazionale o del diritto straniero.

Nel caso che il dovere scaturisca da un ordine dell'autorità, occorre che l'ordine sia legittimo. L'ordine è legittimo solo quando è conforme alla norma di grado superiore, sulla base della quale è emanato.

Se l'ordine è illegittimo, del fatto commesso risponde chi ha dato l'ordine. Ne risponde pure il soggetto che lo ha eseguito salvo il caso in cui non abbia consapevolezza dell'illegittimità e salvo che la legge non gli consenta alcun sindacato sulla legittimità dell'ordine.

In quest'ultimo caso, si parla di ordine illegittimo vincolante.

Ma si ha cura di precisare che, anche ove il rapporto si subordinazione sia strettissimo (come nel caso dei militari), la legge consente di rifiutare l'obbedienza quando manchi uno dei seguenti requisiti:

- La competenza dei superiori ad emanare l'ordine;

- La propria competenza ad eseguirlo;

- L'emanazione dell'ordine nelle forme prescritte dalla legge.

L'uso legittimo delle armi

Ai sensi dell'articolo 53/1 "...non è punibile il pubblico ufficiale che, al fine di adempiere un dovere del proprio ufficio, fa uso ovvero ordina di fare uso delle armi o di un altro mezzo di coazione fisica, quando viene costretto dalla necessità di respingere una violenza o di vincere una resistenza all'autorità".

L'articolo 53/3 richiama gli altri casi in cui la legge autorizza, entro certi limiti, l'uso delle armi o di altri mezzi di coazione fisica. Sono quelli previsti per impedire i passaggi abusivi delle frontiere, le evasioni dei detenuti o violenza tra i medesimi, per reprimere il contrabbando e per le sentinelle nel servizio militare.

La scriminante è propria dei pubblici ufficiali appartenenti alla cosiddetta forza pubblica i quali hanno istituzionalmente in dotazione armi o altri mezzi di coazione fisica. L'articolo 53/2 equiparare altresì al pubblico ufficiale la persona che, legalmente richiesta dal pubblico ufficiale, gli presti assistenza.

L'uso legittimo delle armi si incentra sui due poli:

- della situazione impediente l'adempimento del dovere concretantesi in una violenza senso lato, comprendente la violenza fisica e quella psichica, o in una resistenza all'autorità;

- della reazione eliminante la violenza o la resistenza: requisito primo è la necessità di fare uso delle armi e degli altri mezzi coercitivi, dovendo il pubblico ufficiale trovarsi nell'alternativa di respingere la violenza o vincere la resistenza con le armi o detti mezzi o di non adempiere al proprio dovere. Se tali ostacoli all'adempimento del dovere sono diversamente eliminabili, la scriminante non ricorre, perché, come pure la giurisprudenza riconosce, il ricorso alle armi o ad altri mezzi di coazione fisica deve costituire l'extrema ratio.

Deve ritenersi sottinteso il requisito della inevitabilità altrimenti del fatto ostativo; parimenti implicito deve considerarsi requisito della proporzione tra il bene leso e quello che l'adempimento del dovere di ufficio tende a soddisfare.

Le scriminanti speciali

Invece le scriminanti speciali riguardano solamente determinati reati:

- Reazione legittima agli atti arbitrari del pubblico ufficiale;

- L'eccesso nel comportamento: è valido solo laddove sia inconsapevole e non si è in presenza di nessun elemento psicologico (dolo e colpa).

Es.: l'aggressione al buio; si viene aggrediti di notte nel sonno. Nella colluttazione che ne scaturisce si uccide l'aggressore. All'accensione della luce si scopre questi era un bambino.

8. L'imputabilità

Possibilità di punire un soggetto per aver commesso un illecito penale. Se un soggetto non è imputabile, non può essere punito.

In base all'art 85, un soggetto perché sia imputabile deve possedere:

- la capacità di intendere, cioè l'attitudine del soggetto non solo a conoscere la realtà esterna, ciò che si svolge al di fuori di lui, ma a rendersi conto del valore sociale, positivo o negativo, di tali accadimenti e degli atti che egli compie;

- la capacità di volere, cioè l'attitudine del soggetto ad autodeterminarsi, a determinarsi cioè in modo autonomo tra i motivi coscienti in vista di uno scopo, volendo ciò che l'intelletto ha giudicato di doversi fare e, quindi, adeguando il proprio comportamento alle scelte fatte.

Per poter essere presente l'imputabilità, occorre che entrambe le capacità siano presenti.

La colpevolezza è ciò che permette di punire una persona, ma la predetta non può esistere per un soggetto incapace di intendere e di volere.

Questo perché chi commette un illecito penale, è punito con una pena che tendere ad una rieducazione del condannato; quindi, affinché la pena sia efficace, chi la subisce deve essere consapevole di ciò. Poiché i soggetti incapaci di intendere e di volere non comprenderebbero la predetta funzione della pena, non sono imputabili.

Data l'impossibilità di accertare la capacità individuale di agire altrimenti nella situazione concreta, tale libertà è presunta come presente nel soggetto agente in assenza delle cause che valgono ad escluderla.

L'accertamento della capacità di intendere e di volere deve essere fatto dal giudice che, non disponendo di mezzi idonei, si avvale dell'uso della "perizia", la quale verrà eseguita da un perito che presenterà successivamente al magistrato la relazione.

Una volta accertata l'incapacità, il giudice deve accertare anche la pericolosità del soggetto, stabilendo se quest'ultimo debba essere sottoposto o meno a misure di sicurezza.

Mentre l'accertamento della capacità di intendere e di volere è svolto dal perito, quella della pericolosità spetta al giudice.

L'art 133 c.p. stabilisce i parametri dei quali il giudice deve servirsi per accertare tale pericolosità:

1) dai motivi a delinquere e dal carattere del reo;

2) dai precedenti penali e giudiziari e, in genere, dalla condotta e dalla vita del reo, antecedenti al reato;

3) dalla condotta contemporanea o susseguente al reato;

4) delle condizioni di vita individuale, familiare e sociale del reo.

Le misure di sicurezza richiedono sempre la commissione di un reato. Se il soggetto è ritenuto capace di intendere e di volere, le misure di sicurezza si aggiungeranno alla pena, altrimenti si avranno misure di sicurezza senza pena.

Comunque, nonostante i parametri, il giudizio non è sempre facile e non esiste una "pericolosità presunta", ma va sempre accertata qualunque sia il reato commesso.

9. Le cause di esclusione o diminuzione dell'imputabilità

La cause che escludono o diminuiscono l'imputabilità, previste dal codice negli artt. 88-96, appartengono alle due species:

- delle alterazione patologiche, dovute ad infermità di mente o all'azione dell'alcool o di sostanze stupefacenti;

- della immaturità fisiologica o parafisiologica, dipendenti rispettivamente dalla minore età e dal sordomutismo.

La minore età (art. 97 e 98 c.p.)

Come l'esperienza comune e la scienza insegnano, la capacità di intendere e di volere presuppone un certo sviluppo fisico-psichico del soggetto. Il codice italiano pone una triplice distinzione sancendo:

1- per il minore di anni 14 una presunzione assoluta di incapacità, per presunta immaturità, cioè senza prova contraria;

2- per i maggiori degli anni 18 una presunzione di capacità per presunta maturità, salvo che si dimostri che tale capacità è esclusa o diminuita da altre cause, patologiche o parafisiologiche;

3- per il minore fra i 14 e i 18 anni nessuna presunzione, dovendo il giudice (anche d'ufficio) accertare caso per caso la imputabilità o inimputabilità;

Circa il trattamento, il minore non imputabile viene prosciolto. Per non lasciare la società indifesa, si applica, al minore che abbia commesso un delitto e sia ritenuto pericoloso, la misura di sicurezza del riformatorio giudiziario o della libertà vigilata. Se il minore fra i 14 e i 18 anni è ritenuto imputabile fruisce allora di una diminuzione di pena e di talune agevolazioni in tema di pene accessorie. Qualora il giudice lo ritenga pericoloso può ordinare che dopo l'esecuzione della pena, sia sottoposto alle suddette misure di sicurezza.

Quando il minore sia incapace di intendere e di volere anche per ragioni diverse dalla minore età, si fa luogo al trattamento curativo.

Il sordomutismo (art 96 c.p.)

Il sordomutismo è previsto tra le cause che escludono o diminuiscono l'imputabilità, in quanto l'udito e il linguaggio sono essenziali per lo sviluppo del patrimonio psichico dell'uomo. Nel vigente codice il sordomutismo non comporta alcuna presunzione di imputabilità, ma deve caso per caso accertarsi se esso incida o meno sulla capacità del soggetto. Per questo motivo:

- quando si riconosce che la capacità di intendere e di volere era piena, il sordomuto viene penalmente considerato come una persona normale e ritenuto imputabile;

- se, invece, si accerta che la capacità non sussisteva, egli è parificato alla persona affetta da vizio totale di mente e ritenuto non imputabile;

- se si accerta, infine, che la capacità era grandemente scemata, è parificato alla persona affetta da vizio parziale di mente, e quindi, è ritenuto imputabile, ma la pena è diminuita.

Il vizio di mente

Per vizio di mente deve intendersi uno stato mentale patologico, che esclude o diminuisce la capacità di intendere e di volere. Al fine del giudizio di imputabilità, l'alterazione dello stato mentale deve esistere al momento del fatto e riguardare lo specifico fatto. Il nostro codice distingue tra:

1- vizio di mente totale (art. 88), per cui non è imputabile chi, nel momento in cui ha commesso il fatto era, per infermità, in tale stato di mente da escludere la capacità di intendere e di volere. L'imputato dichiarato non imputabile è prosciolto ma se pericoloso è sottoposto alla misura di sicurezza dell'ospedale psichiatrico giudiziario (art. 222); dopo di ché sarà necessario un riesame della pericolosità da parte del magistrato di sorveglianza. Se il soggetto continua ad essere pericoloso, resterà per un altro periodo all'ospedale. Se la sua situazione sarà ritenuta meno gravosa, si passerà alla casa di cura o di custodia, una misura di sicurezza più tenue. Se sarà migliorato molto, sarà seguito da psicologi, ma verrà rimesso in libertà.

2- vizio di mente parziale (art. 89) che si ha quando la capacità di intendere e di volere, senza essere esclusa, è grandemente scemata (seminfermità): in tal caso si opera una diminuzione della pena cui si cumula, di regola, una misura di sicurezza.

In quanto potrebbe comunque trattarsi di un soggetto pericoloso, verrà eseguito un accertamento e gli verrà data come misura di sicurezza la casa di cura o di custodia.

Se il soggetto risultasse pericoloso, verrà scontata per prima la pena (che va subito in esecuzione) e, terminata la quale, successivamente la misura di sicurezza (a meno che nel mentre il soggetto tramite una nuova perizia, non venga più considerato pericoloso; in questo caso sarà revocata la misura di sicurezza).

Gli stati emotivi e passionali, invece, non escludono né diminuiscono l'imputabilità (art. 90) sempre che non siano manifestazione di uno stato patologico.

L'azione dell'alcool e degli stupefacenti (artt. 91-95 c.p.)

Alcolismo ed uso di stupefacenti sono fenomeni che hanno sempre interessato le scienze criminali per la loro plurima potenzialità offensiva e criminogena. Nella lotta contro tali fenomeni la nostra legge segue la duplice via:

1- della prevenzione, sia colpendo le attività che favoriscono le auto intossicazioni voluttuarie, sia attraverso interventi informativi ed educativi;

2- della repressione, incriminando ad esempio l'ubriachezza manifesta in luogo pubblico e la guida in stato di ebbrezza.

Se da un punto di vista medico-legale si dovrebbe concludere che un soggetto privo di capacità di intendere e di volere a causa dell'uso di dette sostanze sia inimputabile o semi-imputabile, non è così dal punto di vista giuridico.

Per quanto riguarda l'alcolismo, il nostro codice distingue tra ubriachezza e cronica intossicazione. Nell'ambito della prima distingue fra:

- ubriachezza accidentale (art. 91 c.p.), derivata da caso fortuito o forza maggiore; in tal caso il soggetto sarà punito dopo avere accertato quando questo stato di intossicazione sia inciso sul suo gesto, perché se ha portato il soggetto ad essere assolutamente incapace di intendere e di volere, non sarà punito. Se viceversa la capacità e scemata, verrà punito con una riduzione di pena.

- ubriachezza volontaria o colposa (art. 92 c.p.) a seconda che il soggetto si sia ubriacato intenzionalmente o abbia comunque accettato il rischio di ubriacarsi, oppure, si sia ubriacato per negligenza o imprudenza non volendo il fatto ma senza evitare – pur potendola evitare – tale eventualità; si viene ugualmente puniti.

- ubriachezza preordinata (art. 93 c.p.) qualora abbia il fine di commettere un reato o prepararsi una scusa; in tal caso l'ubriachezza è vista come un'aggravante, e la pena verrà aumentata.

- ubriachezza abituale (art. 94 c.p.) quando il soggetto è dedito all'uso di alcolici e viene spesso a trovarsi, per tale motivo, in stato di ebbrezza. Oltre a non escludere l'imputabilità, la ubriachezza abituale comporta un aumento di pena e l'applicazione di una misura di sicurezza;

Per quanto riguarda la cronica intossicazione da alcool, poiché in tale ipotesi i fenomeni sono stabili e persistenti anche dopo l'eliminazione dell'alcool, l'art. 95 richiama lo stesso regime del vizio di mente totale o parziale, per cui l'intossicato è non punibile o punibile con pena ridotta a seconda che la capacità sia esclusa o grandemente scemata.

Passando all'azione degli stupefacenti, si ravvisa un'identità fra la disciplina dettata per gli effetti della loro azione e quella dettata per gli effetti dell'alcool. Avremo pertanto – anche in questo caso – una intossicazione accidentale, volontaria o colposa, preordinata, abituale e cronica.

10. Il tentativo: il delitto tentato (art 56 c.p.)

Chi compie atti idonei, diretti in modo non equivoco a commettere un delitto, risponde di delitto tentato, se l'azione non si compie o l'evento non si verifica.

Il colpevole del delitto tentato è punito con la reclusione non inferiore a 12 anni se la pena stabilita è l'ergastolo (ad es. se l'omicidio prevede l'ergastolo, il tentato omicidio la reclusione a 12 anni). Negli altri casi la pena stabilita per il delitto sarà diminuita di uno fino ad un massimo di due terzi.

Gli elementi del delitto tentato sono:

- L'idoneità degli atti: cioè le azioni devono essere tali da consentire il risultato che non si è avuto;

- L'univocità degli atti e la non equivocità: cioè si deve poter comprendere quale fosse l'intenzione del soggetto;

- L'elemento soggettivo del tentativo: può essere solo il dolo.

Nel delitto tentato si può verificare la desistenza volontaria, cioè il colpevole volontariamente desiste dall'azione, soggiace soltanto alla pena per gli atti compiuti qualora questi costituiscano di per sé un reato diverso: ad es. chi forza la porta di un appartamento per rubare gli immobili, ma poi si pente e non lo fa, verrà punito per violazione di domicilio.

Si può verificare anche il recesso attivo, quando il soggetto colpevole impedisce l'evento.

In questo caso l'agente verrà punito con una diminuzione di pena, che va da un terzo alla metà di quanto previsto per il tentativo: ad es. si invia un pacco bomba in un ufficio e poi, pentitosi l'agente, si telefona a quest'ultimo avvisando di non aprirlo.

Una forma particolare è costituita dal reato impossibile, che si ha quando l'azione è inidonea o l'oggetto a cui è diretta l'azione è impossibile e/o non esiste.

In questo caso il reato non può essere punito.

11. Il concorso di persone nel reato

Si ha concorso di persone nel reato quando più persone pongono in essere insieme un reato che, astrattamente, può essere realizzato anche da una sola persona. Il fenomeno viene chiamato anche concorso eventuale di persone (ad es, nel reato di furto) per contraddistinguerlo dal c.d. concorso necessario di persone, che si ha quando è la stessa norma incriminatrice di parte speciale che richiede, per la esistenza del reato, una pluralità di soggetti attivi (ad es. il reato di rissa).

Nel nostro diritto l'art. 110 c.p. statuisce che "quando più persone concorrono nel medesimo reato, ciascuna di esse soggiace alla pena per questo stabilita". Parlando genericamente di "reato", essa incrimina il concorso sia nei delitti che nelle contravvenzioni.

Il modello fondamentale per valutare e punire i concorrenti è il seguente:

- quello della pari responsabilità, per cui essi sono considerati egualmente responsabili e punibili, in via di principio, salvo valutare in concreto la loro reale responsabilità e graduare la pena in base al ruolo effettivamente avuto.

A favore del principio della pari responsabilità si è andata orientando la più moderna dottrina. Oltre a presentare un solido fondamento razionale, esso meglio soddisfa le esigenze della pratica e della difesa sociale. Il principio della pari responsabilità non implica, però, una meccanica eguaglianza del quantum della pena per tutti concorrenti: esso sta a significare l'impossibilità di differenziazioni aprioristiche di responsabilità sulla base di tipi astratti di concorrenti, ma la necessità pur sempre di una graduazione in concreto della stessa in rapporto al reale contributo apportato da ciascun concorrente.

Il codice del '30 ha adottato, di principio, la soluzione corretta e semplificante della pari responsabilità dei concorrenti.

Gli elementi che individuano in un reato il concorso di persona sono tre:

1- La pluralità di agenti. Primo ed ovvio requisito del concorso è che il reato sia commesso da un numero di soggetti superiore a quello che la legge ritiene necessario per la esistenza del reato.

2- La realizzazione di un reato. Secondo elemento costitutivo della fattispecie plurisoggettiva del concorso è che sia stato posto in essere un fatto materiale di reato, consumato o tentato. Siccome il delitto tentato costituisce l'estremo limite dei fatti punibili, il minimo indispensabile perché, possa aversi un concorso punibile è che siano realizzati gli estremi di un delitto tentato. Il nostro codice non punisce il tentativo di concorso ma soltanto il concorso nel delitto tentato. Il puro accordo e la semplice istigazione a commettere un reato sono per il nostro diritto qualcosa di meno del tentativo punibile.

3- Il contributo causale. Ogni persona deve avere contribuito alla realizzazione del reato.

12. Reati Associativi (o di associazione)

Si hanno quando tre o più persone si associano allo scopo di commettere uno o più delitti (art. 416 c.p). Viene chiamata associazione a delinquere e non necessita, per essere punita, la realizzazione di un reato; l'illiceità sta già nel far parte dell'associazione. Se verrà commesso un reato, si verrà poi punito per quest'ultimo.

Questo perché il reato associativo ha come fondamento un accordo tra più persone, e non il concorso.

Col tempo, si sono aggiunte fattispecie specifiche di associazione: l'associazione a delinquere di stampo mafioso (art 416 bis c.p.), e l'associazione a delinquere finalizzata al traffico e allo spaccio di sostanze stupefacenti (art 74 della legge 309/90).

Il concorso di reati

Si ha concorso di reati quando uno stesso soggetto ha violato più volte la legge penale e, perciò, deve rispondere di più reati.

Circa il trattamento sanzionatorio il nostro diritto vigente distingue, a differenza di molti altri codici, tra concorso materiale e concorso formale di reati.

- Si ha concorso materiale quando il soggetto ha posto in essere più reati con più azioni o omissioni. Ad es. si ruba una pistola in un negozio d'armi e con la predetta si va a rapinare una banca; tra le due azioni vi è un legame: la prima è stata commessa per poter commettere l'altra. Può essere omogeneo se è stata violata più volte la stessa norma penale o eterogeneo se sono state violate norme diverse.

- Sì ha concorso formale di reati quando il soggetto ha posto in essere più reati con una sola azione od omissione. Ad es. l'automobilista spericolato che si schianta con un'altra auto, ne uccide il pilota e ferisce gravemente il copilota. Anch'esso è omogeneo o eterogeneo a seconda che si violi la stessa norma più volte o più norme diverse.

Ambedue i concorsi di reati comportano un aumento di pena.

Nel concorso formale si segue quanto stabilito dall'art 81 c.p.: "è punito con la pena che dovrebbe infliggersi per la violazione più grave aumentata fino al triplo chi con una sola azione od omissione viola diverse disposizioni di legge ovvero commetta più violazioni della medesima disposizione di legge".

Nel concorso materiale si fa la somma delle pene: si applicano tante pene per quanti sono i reati.

13. Le teorie funzionali della pena

La pena può essere definita come la reazione dell'ordinamento giuridico nei confronti dell'autore di un illecito penale.

Quindi la pena ha un significato di punizione, di castigo, di afflizione, di sofferenza.

Ma se la pena consistesse solamente in questo, andrebbe in palesemente contro i principi cardini della morale comune, della religione e, cosa più importante, della costituzione.

Quindi la pena è soprattutto altro.

La teoria più antica sulla funzione della pena è quella retributiva: al male commesso dal soggetto che ha posto in essere un illecito penale, si deve contrapporre un altro male ad esso proporzionato.

Successivamente nascono le teorie della funzione preventiva della pena: la prevenzione generale e speciale.

La prevenzione generale

Per i seguaci della teoria della prevenzione generale, scopo della pena è impedire che vengano commessi in futuro reati: nata nell'ambito dell'ideologia illuministica, questa teoria attribuisce alla pena un andamento utilitaristico, in quanto essa costituirebbe un mezzo per distogliere i consociati dal commettere atti criminosi. In particolare, la pena viene intesa come una controspinta rispetto al desiderio di procurarsi quel piacere che costituisce la spinta criminosa.

Tale funzione preventiva è assolta sia nel momento in cui la pena viene minacciata dalla legge, come conseguenza della violazione di un determinato precetto, sia nel momento in cui essa viene concretamente applicata: se alla minaccia non seguisse anche l'applicazione contro i trasgressori, la pena perderebbe per il futuro qualsiasi efficacia intimidatrice.

La prevenzione speciale

Secondo la teoria della prevenzione speciale, la pena tende ad impedire che colui che si è reso responsabile di un reato torni a delinquere anche in futuro. Questo effetto positivo può essere conseguito in tre modi diversi, attraverso l'emenda del reo, la sua rieducazione o risocializzazione; l'intimidazione e cioè l'efficacia dissuasiva della condanna e dalla sua esecuzione; la neutralizzazione qualora si tratti di pena detentiva consistente nella segregazione del reo che gli impedisce di commettere altri reati.

Nel tempo queste tre teorie si sono succedute, e ai giorni nostri non esiste una prevalenza di una teoria sull'altra.

Di fatti attualmente si parla di una teoria polifunzionale della pena, dove una funzione non esclude l'altra.

Nel concetto di pena ritroviamo quindi tutto quello che si è detto in precedenza.

In più, alle funzioni citate, se ne aggiunge un'altra importantissima, che nasce con la nostra costituzione (art 27 terzo comma): le pene devono tendere alla rieducazione del condannato (funzione rieducativa della pena).

Si evince che la rieducazione è un obbligo dello Stato

14. I tipi di pena nel nostro diritto

Le pene previste dal nostro ordinamento si distinguono in:

1- Pene principali, inflitte dal giudice con sentenza di condanna (delitti e contravvenzioni)

2- Pene accessorie, che conseguono di diritto alla condanna, come effetti penali di essa

Poi vi sono le:

3- Sanzioni del giudice di pace

4- Misure alternative alla detenzione

Le pene principali

Le pene principali stabilite per i delitti sono:

a- la pena di morte, oggi completamente abolita e assorbita nell'ergastolo sia per i reati previsti dal codice penale (L. 224/44) e leggi speciali diverse da quelle militari (D.Lgs. 21/48) sia per i reati previsti dal codice penale militare di guerra (L. 589/94);

b- l'ergastolo, ovvero la privazione perpetua della libertà personale. Perpetuità, tuttavia, non assoluta in quanto l'ergastolano può essere ammesso alla liberazione condizionale quando abbia scontato almeno 26 anni di pena; ciò si istituì nel '75, a seguito di numerose polemiche dovute al fatto che l'ergastolo, in quanto tale, non permetteva il recupero del soggetto condannato.

c- la reclusione, ovvero la privazione temporanea della libertà personale, per un tempo che va da 15 giorni a 24 anni (massimo che può essere elevato fino a 30 anni in caso di concorso di aggravanti o di reati), tranne per le pene previste esplicitamente dal legislatore (ad es. i reati terroristici).

d- la multa, consistente nel pagamento allo Stato di una somma non inferiore a circa 5 euro né superiore a circa 5000 euro;

per le contravvenzioni:

a- l'arresto, che si estende da 5 giorni a 3 anni (massimo elevabile a 5 anni nel concorso di aggravanti e fino a 6 anni nel concorso di reati);

b- l'ammenda, consistente nel pagamento di una somma non inferiore a circa 2 euro né superiore a circa 1000 euro.

Per tutte le pene che sottopongono il soggetto a reclusione, si ha l'obbligo del lavoro e dell'isolamento notturno.

L'ordinamento prevede anche la possibilità di convertire in pena detentiva le pene pecuniarie per insolvibilità del condannato. A tal proposito la L. 689/81 prevede:

a- la conversione della multa e dell'ammenda, non eseguite per insolvibilità, colpevole o incolpevole, del condannato, alla pena della libertà controllata per un periodo massimo rispettivamente di un anno e di sei mesi; oppure si può pagare a rate.

Sanzioni sostitutive delle pene detentive

La più originale innovazione del nostro sistema sanzionatorio si ha con la L. 689/81 che ha introdotto le pene sostitutive. Hanno lo scopo di far evitare a chi deve scontare una pena detentiva breve (fino ad un massimo di un anno). Viene inflitta dal giudice alla fine del processo, quindi non si può sapere a priori se si potrà beneficiare della sanzione sostitutiva.

Le sanzioni sostitutive sono:

a- la semidetenzione, che comporta l'obbligo di trascorrere almeno 10 ore al giorno in un istituto situato nel comune di residenza del condannato o in un comune vicino e la limitazione di taluni diritti. E' sostitutiva delle pene detentive determinabili dal giudice entro i limiti dei sei mesi;

b- la libertà controllata, che comporta il divieto di allontanarsi dal comune di residenza tranne che per giustificato motivo, l'obbligo di presentarsi almeno una volta al giorno presso il locale ufficio di pubblica sicurezza, nonché la limitazione di alcuni diritti e la eventuale sottoposizione del condannato ad interventi dei centri di servizio sociale, idonei al suo reinserimento. E' sostitutiva delle pene detentive determinabili dal giudice entro i limiti di tre mesi;

c- la pena pecuniaria della multa o dell'ammenda, sostitutiva della pena detentiva rispettivamente della reclusione o dell'arresto, determinabile dal giudice entro i limiti di un mese.

Presupposti della sostituzione sono:

- la non inclusione dei reati tra quelli tassativamente esclusi;

- la non recidività;

- la non presunzione da parte del giudice che le prescrizioni non saranno adempiute da parte del condannato.

Le pene accessorie

Le pene accessorie sono misure afflittive, che comportano una limitazione di capacità, attività o funzioni, ovvero accrescono l'afflittività della stessa pena principale, e presuppongono sempre la condanna ad una pena che sia l'ergastolo, la reclusione, l'arresto, la multa o l'ammenda. Possono essere perpetue o temporanee. Ne sono caratteri normali:

a- l'automaticità, poiché di regola conseguono di diritto alla condanna principale;

b- l'indefettibilità, nel senso che una volta irrogate sono sempre scontate non estendendosi ad esse la sospensione condizionale della pena principale.

Vediamole da vicino:

- l'interdizione dai pubblici uffici: priva il condannato di ogni diritto politico; di ogni pubblico ufficio o incarico, non obbligatorio, di pubblico servizio; dei gradi e dignità accademiche, titoli e decorazioni ecc;

- l'interdizione da una professione o arte: consiste nella perdita, durante l'interdizione, della capacità di esercitare una professione, arte, industria, commercio o mestiere, per cui è concesso uno speciale permesso, licenza ecc;

- la sospensione dall'esercizio di una professione o arte: a differenza dell'interdizione comporta solo il divieto di esercitare una certa attività per un periodo limitato;

- la interdizione legale: comporta la perdita della capacità di agire, applicandosi al condannato interdetto le norme della legge civile per l'interdizione giudiziale in ordine alla disponibilità e amministrazione dei beni e alla rappresentanza negli atti relativi;

- la incapacità di contrarre con la pubblica amministrazione, importa il divieto di concludere contratti con la pubblica amministrazione, salvo che per ottenere le prestazioni di un pubblico servizio;

- la decadenza o la sospensione dall'esercizio della potestà dei genitori: la decadenza consegue all'ergastolo e agli altri casi determinati dalla legge; la sospensione, per un tempo pari al doppio della pena inflitta, consegue alla condanna per delitti commessi con abuso della potestà dei genitori;

- la pubblicazione della sentenza penale di condanna (viene depositata nella cancelleria del tribunale, non è, come si potrebbe erroneamente capire, pubblicata nel giornale).

Sanzioni emesse dal giudice di pace

La figura del giudice di pace è nata nel 2000, ma è entrata in funzione solamente nel 2002.

Il giudice di pace non è un magistrato che ha fatto il concorso, ma è un semplice cittadino che possiede determinate qualità.

L'incarico proviene dal consiglio superiore della magistratura (CSM), e dura tre anni rinnovabili.

È una figura creata per cercare di smaltire il lavoro dei giudici di carriera.

Si occupa dei cosiddetti reati bagatellari: di solito sono reati perseguibili a querela di parte.

Per questo tipo di reati non vi è l'obbligo di essere assistiti da un avvocato.

I reati possono essere l'ingiuria, la diffamazione, le percosse lievi (non gravi).

Il giudice di pace non può infliggere una pena detentiva, ma la pena pecuniaria e la permanenza domiciliare (consistente nello stare per due giorni a settimana presso il proprio domicilio).

Il giudice di pace può infliggere infine il lavoro di pubblica utilità, il quale non può essere imposto, ma deve essere espressamente richiesto da parte del soggetto interessato.

Misure alternative alla detenzione

Una svolta verso un sistema sanzionatorio differenziato ha avuto inizio con la L. 354/75 (sull'ordinamento penitenziario – misure alternative).

Le modalità di esecuzione alternativa della pena detentiva si possono avere solo quando si è già stati condannati, quando il processo si è concluso.

Le misure alternative possono essere chieste dal condannato al tribunale di sorveglianza (che si occupa solamente di questa attività), al posto della pena detentiva inflittagli dal giudice.

Le misure alternative introdotte sono:

a- l'affidamento in prova al servizio sociale, fuori dell'istituto, per un periodo uguale a quello della pena da scontare.

É la misura alternativa per eccellenza. Invece di andare in carcere si viene affidati ad un assistente sociale, rimanendo, in questo modo, dei liberi cittadini.

Ma ci vogliono dei presupposti:

- Il soggetto non deve essere socialmente pericoloso;

- L'affidamento in prova deve essere idoneo per il suo recupero. Ciò si può fare solamente sulla base dell'osservazione di personalità effettuata.

A tal proposito, il tribunale di sorveglianza si serve della relazione comportamentale che viene fatta dall'equipe penitenziaria (se naturalmente il soggetto si trova già in carcere), che descrive il comportamento tenuto in carcere, le punizioni e le ricompense ricevute, lo stato mentale, le relazioni con i detenuti e con il personale. A questa si aggiunge una relazione esterna (socio-ambientale), che viene fatta da un assistente sociale dell'U.E.P.E. (ex C.S.S.A.).

Il tribunale di sorveglianza si avvale poi della visione della sentenza di condanna e del certificato penale (dove risultano le altre sentenze) e il certificato dei carichi pendenti (i procedimenti in corso).

Importanti sono anche le informazioni di polizia

Sulla base di questo materiale si fa un procedimento di sorveglianza, dove si decide se concedere o meno l'affidamento in prova.

Se l'affidamento viene concesso, il soggetto viene affidato ad un specifico assistente sociale. Gli assistenti sociali devono seguire e sostenere il soggetto, ma anche controllarlo: si ha così un doppio compito.

Il soggetto rimane in prova al servizio sociale per tutta la durata della pena.

L'assistente sociale relaziona periodicamente sull'andamento della misura alternativa al magistrato di sorveglianza, e poi stende una relazione conclusiva.

Se la relazione è positiva, il tribunale dichiara estinto il reato, altrimenti si concluderà con un parere negativo.

Esiste una forma particolare di affidamento in prova: quello per alcol e tossicodipendenti. In queste circostanze si vuole privilegiare la cura alla reclusione. La pena da scontare non deve essere però superiore ai quattro anni, e ci vuole una Asl che certifichi lo stato di dipendenza (il certificato deve essere attuale).

Successivamente deve essere preparato un programma di cura per il soggetto, da parte di enti pubblici o enti privati accreditati; l'Asl accerterà l'idoneità del programma.

Il soggetto viene quindi curato in una comunità (che è residenziale), oppure nel Sert (che è ambulatoriale); nel Sert la cura consiste nel prendere il metadone due volte a settimana e nel svolgere un colloquio al mese con lo psicologo.

b- il regime di semilibertà (art 48 l. 354/75), corrispondente nella concessione di trascorrere parte del giorno fuori del carcere per partecipare ad attività lavorative, istruttive o comunque utili al reinserimento sociale; la parte residua del giorno, viceversa, viene trascorsa dal condannato in un istituto che, per evitare la promiscuità con i detenuti non ammessi a tale beneficio, la legge prevede che i semiliberi siano assegnati in appositi istituti o in apposite sezioni autonome di istituti ordinari. Le modalità con le quali il regime di semilibertà si svolge, sono stabiliti nel programma di trattamenti. Si tiene a precisare che la semilibertà non è una misura alternativa alla detenzione, ma una modalità di esecuzione della pena detentiva. È importante sottolineare come il semilibero conservi a tutti gli effetti giuridici, lo "status" di detenuto. Per ciò che riguarda i condannati è previsto che possano essere espiate in regime di semilibertà le pene detentive (c.d. brevi) non superiori a sei mesi. La semilibertà può essere disposta anche nei confronti dei condannati a pene c.d. lunghe, con tale aggettivo intendendosi pene detentive superiori a tre anni. I condannati a pene lunghe possono essere ammessi alla semilibertà allorché abbiano scontato almeno metà della pena o, se condannati per taluni gravi reati (ad es. omicidio), almeno i due terzi di essa. Il requisito per essere ammessi al beneficio è individuato dal legislatore nella avvenuta dimostrazione, da parte del condannato, della propria volontà di reinserimento sociale.

c- la detenzione domiciliare (art 47 ter l. 354/75), consistente nell'espiazione della pena nella propria abitazione o in altro luogo di privata dimora ovvero in un luogo pubblico di cura o di assistenza. Prima di questa legge del '75, la detenzione domiciliare non era assolutamente prevista. Venne definitivamente posta in essere con la legge Gozzini.

Il regime varia in base alla personalità del soggetto: può, a seconda dei casi, non affacciarsi alla finestra o non rispondere al telefono. Se i soggetti non hanno conviventi, godono di un permesso quotidiano di due ore per adempiere alle esigenze di prima necessità. Ad alcuni soggetti è consentito lavorare, specialmente se possedevano già un lavoro.

Gli assistenti sociali dell'U.E.P.E. supervisionano il tutto.

Ai sensi dell'art 47 ter, possono beneficiare della predetta misura alternativa le seguenti persone:

- La donna madre di figli di età non superiore a dieci anni che convivono con lei (questa possibilità è stata estesa successivamente agli uomini);

- Tutti coloro che sono in gravi condizioni di salute, tali da richiedere costanti contatti con i presidi sanitari;

- I soggetti con età superiore a 60 anni e parzialmente inabili;

- I soggetti tra 18 e 21 anni che devono completare la loro formazione scolastica.

Nei predetti casi il limite della pena da espiare è di 4 anni.

La legge 65/98 ha allargato la possibilità di concessione della detenzione domiciliare. Questo perché, in quel momento, le carceri erano colme di detenuti. Si nomina quindi deflattiva questo tipo di detenzione. In questi casi la pena massima da scontare è di due anni. I soggetti non devono essere considerati pericolosi e non ci deve essere pericolo che possano tornare a commettere reati.

d- la liberazione anticipata (art 54 l. 354/75), che consiste nel ridurre la pena detentiva di 45 giorni ogni sei mesi di pena scontata, a fronte di un buon comportamento carcerario: in pratica il soggetto deve dimostrare la volontà di partecipare al trattamento del carcere. Si deve presentare domanda al magistrato di sorveglianza. È una misura premiale.

e- la liberazione condizionale, che consente di fare uscire il soggetto condannato un po' di tempo prima della fine della pena. Ciò può avvenire nel caso in cui il soggetto si sia ravveduto. Il soggetto può tornare in società, ma è sottoposto alla libertà controllata. Questo istituto è disciplinato all'art 176 c.p.

- PROCEDURA PENALE -

Introduzione

Il processo penale è disciplinato da codice di procedura penale, riformato nel 1988 (nominato Vassalli dal legislatore che lo ha modificato).

Il nostro processo si è avvicinato sempre più al modello americano, trasformandosi da un modello inquisitorio ad un modello accusatorio.

Il modello inquisitorio rendeva molto più potente il giudice.

Invece il modello accusatorio lascia invece molto spazio alle parti, poiché sono quest'ultime che gestiscono la prova. Il giudice rimane un semplice spettatore.

Definizione

Il processo penale è una serie di atti che vengono posti in essere dai soggetti processuali al fine di consentire al giudice di potere decidere.

Il processo serve quindi ad emettere un provvedimento conclusivo.

1. I soggetti processuali

I soggetti processuali sono tutti coloro i quali hanno un interesse al processo e nel processo.

Sono titolari di interessi che fanno valere attraverso il processo.

I soggetti processuali si dividono in necessari ed eventuali.

Sono necessari: il giudice, l'imputato (il difensore viene considerato un tutt'uno con quest'ultimo), il pubblico ministero.

Se manca anche uno solo di questi soggetti, non si può porre in essere il processo.

Sono eventuali: la persona offesa dal reato (la vittima); la polizia giudiziaria (collabora con il p.m. nel corso delle indagini, svolge attività processuali); la parte civile (è colui che chiede il risarcimento del danno derivante dal reato; il responsabile civile (colui che risponde del danno al posto dell'imputato: ad es. l'assicurazione); il civilmente obbligato per la pena pecuniaria (è colui che paga la pena pecuniaria al posto dell'imputato).

Non bisogna confondere questi soggetti processuali con le parti processuali.

Parte è chi avanza una pretesa nel processo, e dunque chi chiede al giudice di pronunciarsi su quella pretesa.

Quindi tutte le parti sono soggetti, ma sono tutti i soggetti possono essere parte (ad es. il giudice o la persona offesa. Se questa persona offesa vuole avanzare una pretesa, si deve costituire parte civile).

In particolare la polizia giudiziaria non è mai parte, perché non ha nessuna pretesa da avanzare al giudice.

2. Il giudice

Il giudice è un organo dello Stato fornito di potere giurisdizionale.

La giurisdizione è quel potere spettante solo e soltanto al giudice, e consiste nel prendere decisioni in posizione di terzietà: il giudice è al di sopra delle parti, è estraneo a loro.

Giudici monocratici e collegiali

Il giudice è monocratico quando lavora singolarmente: ad es. il giudice di pace, il gip.

Il giudice è collegiale quando lavora con più persone: ad es. il tribunale si compone di tre giudici; un presidente e due giudici a latere.

Giudici togati e laici

I giudici togati sono quelli di carriera, quelli che per entrare in magistratura hanno fatto il concorso.

I giudici laici sono quelli che sono investiti della funzione di giudice, ma i temporaneamente. Non hanno fatto il concorso in magistratura: es il giudice di pace (che è un giudice onorario); giudice laico è anche il giudice popolare, presente nella corte di Assise.

3. Tipi di Giudici

Nell'ordinamento italiano esistono tre gradi di giudizio

Giudici di primo grado

- Il giudice per le indagini preliminari (G.I.P.). È un organo monocratico. Esercita i suoi compiti solo limitatamente alla fase delle indagini del processo. Interviene nel caso in cui ci siano da fare delle decisioni.

- Il giudice dell'udienza preliminare (G.U.P.). È un organo monocratico. L'udienza preliminare è la prima vera fase del processo

- Giudice del dibattimento. Può essere monocratico o collegiale a seconda dei reati presi in esame. Il dibattimento è la fase centrale del processo preliminare.

I giudici del dibattimento si dividono in quelli del tribunale (3 giudici togati) e quelli della corte di assise (2 giudici togati e 6 giudici popolari).

Giudici di secondo grado

- Corte di appello (3 giudici togati)

- Corte di assise di appello (2 giudici togati e 6 giudici popolari)

Giudici di terzo grado

- La corte di Cassazione. Si divide in 7 sezioni. Ogni sezione è composta da 5 giudici togati

4. Caratteristiche del giudice

Il giudice non soggiace al potere esecutivo. È soggetto solamente alla legge (principio di indipendenza: art 101 costituzione secondo comma).

Deve essere assolutamente estraneo agli interessi delle parti (principio di imparzialità: art 111 costituzione).

Altro principio importante è citato nell'art 25 della costituzione: il giudice è naturale e precostituito per legge. Ciò sta a significare che quando un soggetto ha commesso reato, saprà già chi lo andrà a giudicare. Il giudice naturale è quello competente per quel reato.

L'ambito di autorità del giudice

L'enorme giurisdizione viene divisa in tante parti, che corrispondono all'autorità di ogni singolo giudice.

Le competenze più importanti sono la competenza per materia e la competenza per territorio.

Competenza per materia

Si basa su un criterio qualitativo (a seconda della gravità del reato), e un criterio quantitativo (a seconda della quantità di pena prevista per il reato).

La corte di Assise dei reati più gravi, per i quali è prevista una pena superiore ai 24 anni.

Il giudice di pace si occupa di reati meno gravi. Nello specifico, i reati di sua competenza sono stati individuati uno per uno.

La competenza del tribunale viene definita con criterio residuale: sono di competenza del tribunale monocratico i reati punibili con pena fino a 10 anni. Per i reati con pena dai 10 ai 24 anni è previsto il tribunale collegiale.

Il tribunale per i minori è un organo specializzato, per i soggetti dai 14 ai 18 anni; si compone di 3 giudici togati e 2 onorari (devono essere per legge, un uomo e una donna, e devono avere particolari qualità: criminologi, assistenti sociali, psicologi...).

Competenza territoriale

La competenza individuale si individua sulla base del luogo di consumazione del reato.

Una eccezione è costituita dal reato di omicidio; in base all'art 8 c.p.p. è competente il giudice del luogo in cui è avvenuta l'azione o l'omissione (non ha importanza dove muoia la vittima).

Eventualità in cui il giudice conosce l'imputato

Se il giudice conosce l'imputato, per tutelare l'imparzialità, esistono 3 rimedi:

1- L'astensione: il giudice si astiene dal fare il processo;

2- La ricusazione: sono le parti che non vogliono il giudice;

3- La rimessione: è una situazione che si determina quando il sospetto sulla mancanza di imparzialità non riguarda una singola persona, ma tutto l'organo giudicante. La rimessione è posta in essere dall'art 45 c.p.p., dove esiste la causa generica di legittimo sospetto (ad es. una antipatia nei confronti dell'imputato).

In questo caso, se il sospetto risulta fondato, si avrà uno spostamento territoriale del processo. Esistono in proposito delle tabelle predisposte: il cosiddetto criterio tabellare, sempre per il principio della precostituzione del giudice.

5. Il Pubblico Ministero

È un organo dello Stato. È un magistrato poiché ha fatto il concorso in magistratura, ma non ha potere giurisdizionale.

Ha poteri diversi rispetto al giudice (anche se i due ruoli sono intercambiabili).

Il P.M. è il soggetto più presente nel corso di tutto il processo; infatti le sue funzioni iniziano nel momento in cui inizia il processo.

Svolge le indagini per acquisire tutti gli elementi di prova necessari.

Un compito più importante è quello che esplica a conclusione delle indagini: è lui infatti quello che decide se il processo si deve fare o meno; in proposito può chiedere al giudice di archiviare il caso (non si porrà in essere alcun processo) o il rinvio a giudizio del predetto. In tal caso si avrà l'inizio del processo penale.

La richiesta del rinvio a giudizio rappresenta il cosiddetto esercizio dell'azione penale, la cui titolarità spetta solo e soltanto al P.M. (art 112 costituzione).

Dopo l'avvio del processo, il P.M. diventa parte del predetto, precisamente la parte pubblica, poiché tutela gli interessi dello Stato; la parte privata è invece l'imputato.

Una volta finito il processo, con sentenza irrevocabile, il P.M. è organo dell'esecuzione, in quanto è lui che deve dare esecuzione alla sentenza (ordine di esecuzione).

Le Procure

Gli uffici del P.M. sono le procure (il procuratore è un P.M.).

Si hanno diverse procure:

1- La procura della Repubblica, che ha sede nei tribunali. A capo vi è il procuratore, aiutato dai sostituti procuratori.

2- La procura generale, che ha sede presso la corte di cassazione. Ha sede solo a Roma, così come la corte di cassazione. A capo vi è il procuratore generale, aiutato dai sostituti procuratori generali.

Agli inizi degli anni '90, furono create delle nuove procure, con lo scopo di occuparsi soltanto di reati di mafia.

Sono due:

1- La procura distrettuale antimafia (ce n'è una per ogni distretto di corte di appello). Ha quindi un ambito operativo molto vasto: l'intera corte di appello.

2- La procura nazionale antimafia, che ha sede a Roma. È nata con Giovanni Falcone, e di solito non svolge funzione di indagine, ma di coordinamento delle indagini distrettuali.

6. La polizia giudiziaria

La polizia giudiziaria collabora con il pubblico ministero durante le indagini.

La polizia giudiziaria non è un corpo, i membri fanno parte di altri corpi dello Stato.

Appartengono alla polizia giudiziaria nel momento in cui svolgono determinate attività (è quindi l'attività che si svolge in quel momento che fa diventare membro della polizia giudiziaria).

Ad es., se Tizio fa il carabiniere e viene a conoscenza di un reato, a partire da quel momento tutte le attività che compie per quel reato sono funzioni di polizia giudiziaria (art 55 c.p.p.).

Nella polizia giudiziaria è importante la distinzione tra ufficiali ed agenti, poiché esistono alcune attività che possono essere svolte solamente dagli ufficiali, e viceversa.

La polizia giudiziaria deve:

- anche di propria iniziativa, prendere notizia dei reati;

- impedire che i reati vengano portati a conseguenze ulteriori;

- ricercarne gli autori;

- compiere gli atti necessari per assicurare le fonti di prove, ad es.: ascoltare le persone che hanno assistito al reato; pedinare una persona sospetta.

Servizi di polizia giudiziaria

Vi appartengono tutti quei agenti che svolgono attività di P.G. in maniera continuativa ma non esclusiva.

Sezioni di polizia giudiziaria

Sono istituite presso le procure della repubblica.

Sono presenti ufficiali ed agenti dei vari corpi dello Stato.

Svolgono attività di P.G. in maniera continuativa ed esclusiva

Il P.M. è un superiore dal punto di vista funzionale, ma non gerarchico (art 109 costituzione).

Altri uffici di polizia giudiziaria

Qualunque posto che svolge le funzioni sul territorio; in caso di reato svolgerà le funzioni di P.G.

7. L'imputato

È il soggetto nei confronti del quale il P.M. esercita l'azione penale.

Infatti, a conclusione delle indagini preliminari, il P.M. può chiedere al G.I.P. il rinvio a giudizio attribuendo al soggetto, che fino a quel momento era indagato, un fatto di reato.

L'attribuzione del fatto di reato all'indagato, costituisce l'imputazione. E da qui l'assunzione della qualità di imputato.

Imputato può essere qualunque persona fisica, non giuridica. Al massimo l'ente giuridico risponde al reato attraverso una pena pecuniaria.

Poi ci sono i soggetti immuni, che non possono essere imputati, almeno fino a quando dura l'immunità (vedere la sbobinatura di diritto penale per maggiori informazioni).

L'art 61 c.p.p. prevede espressamente che tutti i diritti e le garanzie dell'imputato, vengano riconosciute anche all'indagato.

I soggetti legittimati a stare nel processo

Nel processo può compiere atti solo chi è capace di intendere e di volere (dal punto di vista processuale si richiede una capacità generica, non legata al momento del reato).

La dove, nel corso del processo, dovesse sorgere il dubbio sulla capacità di intendere e di volere dell'imputato, il giudice ha l'obbligo di disporre perizia, nominando un perito (psichiatra o psicologo).

Se nella perizia si stabilisce l'incapacità del soggetto, il processo non si può fare, perché il soggetto deve capire quello che gli sta accadendo.

Il processo viene sospeso per sei mesi; trascorso questo periodo si dispone un'altra perizia; il processo può quindi riprendere o essere sospeso per altri sei mesi.

Nel periodo di sospensione, se il soggetto è considerato pericoloso, si dispongono le misure di sicurezza.

Si può prosciogliere il processo se si riscontra l'assoluta irreversibilità dello stato di incapacità del soggetto, il quale andrà a finire in un ospedale psichiatrico.

8. Il difensore

Il diritto di difesa è garantito dall'art 24 della costituzione. Nel processo penale è un diritto irrinunciabile. Questo perché anche l'imputato deve essere garantito e tutelato.

Anche nel caso in cui l'imputato fosse un avvocato o un magistrato, ha ugualmente l'obbligo di avere un difensore, perché nel caso in cui si difendesse da solo potrebbe essere, data la situazione, turbato e poco obiettivo.

Il legale non è invece obbligatorio nei processi sotto la giurisdizione del giudice di pace.

Nel nostro ordinamento ritroviamo 3 tipi di difensori (difesa tecnica):

1- Difensore di fiducia: quello scelto dall'imputato;

2- Difensore d'ufficio: è nominato dal giudice quando giunge a conoscenza che l'imputato non ha nominato nessun legale in sua difesa. Il nominativo è scelto da un elenco giornaliero che è posto in essere dalla sezione dell'albo forense che opera in quel tribunale. Gli avvocati non possono rifiutare la nomina del giudice. Si faccia attenzione sul fatto che la disponibilità è soltanto giornaliera, non per tutto il processo. Quindi se l'imputato continuerà a non scegliere un difensore di fiducia, si vedrà cambiare il difensore un'udienza dopo l'altra.

3- Difensore dei soggetti non abbienti: chi non ha le possibilità economiche per nominare un avvocato, può chiedere il patrocinio a spese dello Stato.

L'imputato è libero nello scegliere il suo difensore di fiducia, il quale presenterà una pratica per il gratuito patrocinio. Non può esercitare attività di gratuito patrocinio l'avvocato con meno di 5 anni di attività.

Poi esiste la cosiddetta autodifesa, la quale non può però essere esclusiva.

Deve sempre essere complementare all'attività del difensore.

L'autodifesa si concretizza nell'interrogatorio dell'imputato: è il momento in cui l'imputato ha la possibilità di parlare. È bene ricordare che l'imputato è l'unico soggetto che non è obbligato a dire la verità.

9. Persona Offesa - Parte Civile

La persona offesa è il titolare dell'interesse leso. È la persona che subisce il reato. È solo un soggetto processuale, non è parte del processo. Può diventarlo solo se si costituisce parte civile, cioè se chiede al giudice il risarcimento del danno materiale e morale derivante dal reato.

La costituzione come parte civile che il giudice penale, a conclusione del processo, debba decidere oltre che alla responsabilità dell'imputato, anche l'entità del risarcimento (in caso di condanna del predetto).

La costituzione come parte civile nel processo penale è tuttavia facoltativa. Pertanto il soggetto danneggiato può optare di chiedere il risarcimento del danno al giudice civile, e in tal caso si avranno due processi, con sentenze che potranno anche essere diverse tra loro.

10. Responsabile Civile

È la persona che risponde del danno causato dall'imputato.

Se non c'è parte civile non ci può essere responsabile civile.

La figura del responsabile civile è prevista per legge: ad es. l'assicurazione nei confronti dell'assicurato, il genitore nei confronti dei figli.

Il responsabile civile paga il danno al posto dell'imputato.

Il responsabile civile entra nel processo perché citato dal giudice sotto richiesta della parte civile o perché interviene volontariamente (ad es. un padre che vuole rispondere nei confronti del figlio).

11. Le prove nel processo penale

Sono quei strumenti che consentono al giudice di decidere.

Queste sono le più famose:

- La testimonianza: dichiarazione fatta da una persona che ha visto cosa è successo. È obbligatoria nel momento in cui si è citati in giudizio da parte del giudice.

- La perizia: può essere di vario tipo.

- La ricognizione: riconoscimento di una persona o di una cosa.

- L'esperimento giudiziale: si ricostruisce il fatto

- Tutti i documenti.

Mezzi di ricerca della prova

Sono gli strumenti attraverso i quali si arriva ad una prova:

- Le ispezioni, che si fanno sul luogo del reato;

- La perquisizione, che serve a cercare il corpo del reato e cose attinenti al reato.

- L'intercettazione telefonica; è l'unico mezzo che richiede l'autorizzazione del giudice, perché vige l'art 115 della costituzione sulla riservatezza.

Gli altri mezzi sono disposti direttamente dal P.M.

Storia giuridica della prova

Nel codice del 1930 la prova era di competenza esclusiva del P.M. e del giudice. Le altre parti erano semplici spettatrici.

Oggi non è più così: il diritto alla prova spetta alle parti, private (l'imputato, il suo difensore...) e pubbliche (P.M.), che devono portare le predette al giudice.

Adesso il giudice non sa in pratica nulla delle prove, le va conoscendo pian piano.

Casi in cui il diritto alla prova è di competenza del giudice

Adesso il diritto alla prova è esclusivamente delle parti, eccezion fatta per alcuni casi tassativamente indicati dalla legge:

- Art 507 c.p.p.: fase conclusiva del dibattimento. A conclusione del dibattimento, se il giudice non può assolutamente decidere sulla base delle prove portate dalle parti, potrà assumerne lui personalmente (potere residuale del giudice rispetto alla prova)..

L'ammissione delle prove

Il giudice ha un potere importante riguardo l'ammissione delle prove.

Compito del giudice è quello di decidere quale prove possono essere ammesse.

Il giudice decide tenendo conto dei criteri di ammissione indicati dal codice:

la prova deve essere pertinente, ossia deve riguardare il fatto del reato;

la prova deve essere legittima: non deve essere contro la legge (ad es. l'utilizzo della macchina della verità o dell'ipnosi);

la prova non deve essere superflua: non può dimostrare una cosa che è già chiara.

La prova non deve essere irrilevante: è irrilevante nel caso in cui non sia in grado di dare una dimostrazione ne piena ne parziale del fatto.

I criteri di valutazione della prova

Ai sensi dell'art 192 c.p.p., nel processo penale vige il principio del libero convincimento, che si contrappone alla prova legale prevista nel processo civile.

Il giudice è libero di valutare ogni prova come meglio crede.

Si è limitato questo potere del giudice penale imponendo l'obbligo della motivazione della sentenza.

Infatti il giudice deve dire di quale prova si è servito e perché.

Quindi la motivazione costituisce il freno all'arbitrio.

La motivazione consente inoltre ai destinatari della sentenza di potere esprimere il perché del loro disaccordo con ciò che dice il giudice, al fine di impugnare la sentenza e fare appello.

La motivazione è dunque doppiamente importante.

La legge impone inoltre all'art 192 dei limiti:

- Il giudice non può condannare o assolvere per mezzo di un indizio, a meno che questi indizi non siano gravi, precisi e concordanti: devono essere ossia numerosi e devono portare tutti allo stesso risultato.

Si avrà in questo caso un processo indiziario.

Si ricorda che gli indizi sono delle situazioni alle quali non si può dare un valore di prova, ma sono delle situazioni che per deduzione logica ci consentono di pervenire a dei risultati. L'indizio è molto meno della prova.

- Le dichiarazioni dei pentiti (collaboratori di giustizia), sono valutate dal giudice unitamente agli altri elementi di prova che ne confermano l'attendibilità

Ciò per impedire l'ipertrofia dei cosiddetti pentiti per comodità.

12. Le misure cautelari

Consistono in limitazioni della libertà della persona e/o della libera disponibilità patrimoniale.

Esse trovano legittimazione nell'art. 13 della costituzione, il quale dopo avere detto che la libertà personale è inviolabile, dice che sono consentite delle limitazioni solo nei casi espressamente previsti dalla legge e solo con provvedimento del giudice (vi è quindi sia riserva di legge che di giurisdizione).

Nei casi di eccezionalità e di urgenza la polizia può limitare la libertà personale, ma entro 48 ore deve darne comunicazione al P.M. il quale, a sua volta, entro le 48 ore successive, deve chiedere la convalida al giudice (questo potrebbe essere il caso dell'arresto in flagranza di reato); l'arresto e il fermo non possono quindi superare al massimo le 96 ore.

Le misure cautelari si distinguono in due grandi categorie:

Le misure cautelari personali

Limitano la libertà delle persone; possono essere coercitive ed interdittive.

Coercitivo è il divieto di espatrio; l'obbligo di presentarsi alla polizia giudiziaria (la firma); l'allontanamento dalla casa familiare (di solito si applica questa misura a chi abusa sessualmente dei familiari); il divieto o l'obbligo di dimora; gli arresti domiciliari; la custodia cautelare in carcere.

Interdittive sono: la sospensione della potestà genitoriale; la sospensione dall'esercizio di un pubblico ufficio; il divieto temporaneo di esercitare determinate attività professionali o imprenditoriali (tuttavia non può essere sospeso dal servizio pubblico chi ricopre una carica elettiva, come quella del sindaco: questo perché è stato il popolo ad investirlo del potere).

Condizioni di applicabilità delle misure cautelari personali

Condizione primaria sono i gravi indizi (intesi in questo caso come qualunque elemento probatorio) di colpevolezza.

Poi occorre che si affianchi alla predetta condizione almeno una delle cosiddette esigenze cautelari (art 264 c.p.p.):

- pericolo di fuga;

- pericolo di inquinamento delle prove;

- pericolo di commissione di altri reati dello stesso tipo.

Le misure cautelari reali

Limitano il patrimonio; sono due:

- il sequestro conservativo: si sequestra un qualcosa ai fini di conservare l'oggetto (beni mobili e immobili dell'imputato). Si mettono sotto sequestro al fine di garantire il pagamento delle spese processuali e del risarcimento del danno.

- il sequestro preventivo: previene la commissione di altri reati. Oggetto di questo sequestro è unicamente il corpo del reato.

Disposizione della misura cautelare

L'esigenza nasce, di solito, nel corso delle indagini.

Colui che si rende conto della necessità della misura cautelare è il P.M., che la chiede al giudice.

Il giudice stabilisce la misura da applicare, ma non può applicarne una più restrittiva di quella richiesta dal P.M.

I criteri in base ai quali si dispongono le misure cautelari sono previsti dal nostro codice, e sono i seguenti:

1- il criterio di proporzionalità: la misura cautelare deve essere proporzionata alla gravità del fatto;

2- il criterio di adeguatezza: la misura deve essere adeguata all'esigenza che si intende perseguire;

3- il criterio di gradualità: si deve applicare la misura cautelare meno gravosa idonea all'esigenza che si vuole perseguire:

In presenza di reati di associazione mafiosa, la custodia cautelare in carcere è l'unica applicabile (sempre in concomitanza di esigenze cautelari e di gravi indizi).

Invece in caso di donna incinta o con figli con meno di tre anni e per i malati terminali di Aids la custodia cautelare in carcere non è applicabile.

Nel momento in cui il giudice dispone la misura cautelare, deve stabilirne anche la durata: scaduto il termine ultimo, la misura viene meno.

Le misure cautelari vengono meno con la sentenza definitiva; nell'eventualità in cui l'imputato risultasse essere innocente, può chiedere la cosiddetta riparazione per l'ingiusta detenzione se è stato sottoposto a custodia cautelare (si da un risarcimento pecuniario: il massimo corrisponde ad un miliardo del vecchio conio).

L'impugnazione dell'ordinanza

L'ordinanza di misura cautelare può essere impugnata sia dal P.M. che dall'indagato.

Se ne può chiedere il:

- riesame (può essere chiesto entro 10 giorni dall'ordinanza): può essere chiesto solo dall'imputato contro le misure coercitive. Competente è il tribunale delle libertà, che decide entro 10 giorni. Se il tribunale non risponde entro il termine, la misura cautelare decade;

- l'appello (può essere chiesto entro dieci giorni dall'ordinanza): è chiesto dall'imputato per tutte le altre misure non previste nel riesame; dal P.M. in tutti i casi. Competente è sempre il tribunale delle libertà che, questa volta, decide entro 20 giorni: Se il tribunale non decide entro questo termine, la misura cautelare non decade;

- ricorso per cassazione (può essere chiesto entro dieci giorni a seguito di riesame o di appello, o anche per saltum): competente è la corte di cassazione, che decide solo sulla legittimità. La decisione va presa entro 30 giorni dal ricorso. Non si ha decadenza.

13. Lo svolgimento del processo penale

Generalità

La prima fase pre-processuale è quella delle indagini preliminari.

A conclusione delle indagini il P.M. deciderà che strada seguire: se gli elementi sono carenti farà richiesta di archiviazione, invece se gli elementi raccolti sono sufficienti, chiederà al G.I.P. il rinvio a giudizio.

A partire da questo momento abbiamo il vero e proprio processo penale.

La prima fase di processo vera e propria è l'udienza preliminare, che serve a verificare la fondatezza delle richieste del P.M. competente è il G.U.P., che può emettere una sentenza di non luogo a procedere (e quindi il processo finisce), altrimenti il decreto che dispone in giudizio. Quindi il G.U.P. non condanna, ma emette delle sentenze nei confronti delle richieste del P.M.

Il G.U.P avvia la fase centrale del processo, che è il dibattimento: tutte le prove portate dalle parti vengono assunte davanti al giudice.

A conclusione della fase dibattimentale si hanno le sentenze di merito, che possono essere di condanna o di proscioglimento.

Con la sentenza dibattimentale si chiude il giudizio di primo grado.

Ma nella gran parte dei casi si fa domanda di appello; l'appello e per l'appunto il secondo grado di giudizio.

Il giudice di appello concluderà con una sentenza che confermerà o modificherà la sentenza di primo grado.

Si fare infine ricorso in cassazione, che è il terzo grado del giudizio. Il giudizio di cassazione è caratterizzato dal fatto che è solo un giudizio di legittimità.

Le sentenze più importanti della cassazione sono le sentenze di annullamento.

Si può, in certi casi, fare un nuovo ricorso in cassazione.

Le indagini preliminari

Questa fase serve all'acquisizione di tutti quei elementi di prova che serviranno al P.M. per decidere se esercitare o meno l'azione penale.

Titolare delle indagini è il P.M., che nel svolgerle si fa aiutare dalla polizia giudiziaria.

Per il fatto che le indagini siano in mano al P.M. (il quale non è un organo giurisdizionale), non hanno carattere giurisdizionale, ma extra giurisdizionale.

Esistono situazioni nelle quali il P.M. ha bisogno dell'intervento del giudice, come ad es. le misure cautelari. In questo caso si rivolge al G.I.P. (che effettivamente svolge un ruolo marginale, intervenendo occasionalmente).

In ogni caso l'intervento del G.I.P. è necessario a conclusione delle indagini, poiché è a quest'ultimo che il P.M. avanza le sue richieste conclusive.

Modalità dell'avvio delle indagini preliminari

Per poter avviare le indagini preliminari, è necessaria la notizia di reato, che è ogni fatto che nei suoi elementi essenziali può essere ricondotto ad una fattispecie previste dal codice penale.

La notizia di reato viene acquisita dai seguenti organi: il P.M. e la polizia giudiziaria.

Questi organi possono acquisire le notizie di reato autonomamente o per mezzo di un'acquisizione derivata (c'è qualcun'altro che porta a conoscenza del P.M. o della P.G. una notizia di reato).

Prima di andare avanti è utile una piccola digressione:

Reati perseguibili d'ufficio

Nel momento in cui il P.M. abbia notizia del fatto, può esercitare l'azione penale, può dare avvio al processo.

Ciò perché il nostro processo serve a tutelare la nostra collettività, e quindi ha una funzione pubblica; non si può condizionare l'inizio del processo alla decisione di un privato.

Reati perseguibili ad iniziativa di parte

Anche nel caso in cui il P.M. ha conoscenza di un fatto di reato, non può procedere fino a quando non c'è la manifestazione di volontà del soggetto interessato.

Il caso tipico è la querela (ingiuria, diffamazione).

Il perché di questa distinzione si individua nella prevalenza dell'interesse tutelato.

Quando l'interesse tutelato ha una natura prevalentemente pubblica (ad es. l'omicidio), il reato sarà perseguito d'ufficio.

Al contrario, il reato è perseguibile ad iniziativa di parte quando prevale l'interesse privato. (ad es. la diffamazione).

Il reato di violenza sessuale è perseguibile a querela di parte: ciò è molto criticato, ma in questo caso prevale il diritto alla riservatezza; un eventuale processo per violenza è devastante dal punto di vista psicologico). In generale la querela si può sempre ritirare, tranne quella per violenza sessuale.

Le notizie di reato relative ai reati perseguibili d'ufficio

- La denuncia è quella dichiarazione che viene fatta da un qualunque cittadino (anche la vittima) che è a conoscenza perseguibile d'ufficio. La denuncia è facoltativa, non vi è nessun obbligo.

Vi è l'obbligo solo nel caso di pubblici ufficiali o di coloro che esercitano un pubblico servizio (ad es. l'impiegato postale) se vengono a conoscenza, durante le loro funzioni, di un reato perseguibile d'ufficio.

- Il referto è quell'atto posto in essere da chi esercita una funzione sanitaria, quando nell'esercizio delle sue attività viene a conoscenza di un fatto di reato. Il referto è obbligatorio, infatti negli ospedali c'è il posto di polizia.

L'obbligo viene meno in caso di sanitari, che non lavorano nel settore pubblico, che prestano cure al possibile autore del reato; in questo caso prevale il diritto alla salute previsto all'art 32 della costituzione: se così non fosse nessun autore si farebbe curare.

Le notizie di reato relative ai reati perseguibili ad iniziativa di parte

Sono la querela, l'istanza, la richiesta, l'autorizzazione a procedere. Si chiamano condizioni di procedibilità, perché in assenza delle predette il P.M. non può esercitare l'azione penale.

Analizziamo la querela.

La querela è quell'atto mediante il quale la vittima del reato manifesta la sua volontà che venga processato l'autore.

La querela è facoltativa. Va presentata entro 3 mesi dal momento in cui è stato commesso il fatto, o dal momento in cui la vittima ne ha avuto conoscenza; scaduti i 3 mesi la querela non si può più presentare.

Il soggetto che ha presentato querela può rinunciare alla stessa, quando entro i 3 mesi dalla presentazione di quest'ultima dimostra espressamente o tacitamente di non volere perseguire il colpevole.

Diversa dalla rinuncia è la remissione della querela: chi ha presentato la querela successivamente la ritira; affinché la querela possa essere rimessa, è necessario il consenso della persona querelata.

14. Iter delle indagini preliminari

Quando la notizia di reato perviene al P.M., questi ha l'obbligo di iscriverla nel registro delle notizie di reato (art 335 c.p.p.), indicando il fatto e, quando si conosce, l'autore del fatto.

A partire dalla data di iscrizione, decorrono i termini per le indagini, che per i reati comuni sono di 6 mesi, prorogabili due volte (quindi si potrà avere un massimo di 18 mesi).

Per i reati di maggior allarme sociale (art 407 c.p.p.), i termini sono di un anno, con due possibilità di proroga di 6 mesi ciascuna (quindi si potrà avere un massimo di 2 anni).

La proroga viene chiesta dal P.M. al G.I.P.

Le attività vengono svolte sia dal P.M. che dalla polizia giudiziaria; di solito il P.M. dirige le indagini, delegando la polizia giudiziaria del compimento degli atti; la delega può essere generica o specifica: ossia si può delegare tutto il caso o solo una parte di esse.

L'attività della polizia giudiziaria

La polizia giudiziaria gode di un'attività autonoma, prevista al titolo quarto del c.p.p.

L'autonomia è però riferita solo e soltanto a quelle che sono le sue funzioni, previste dall'art 55 c.p.p.

Gli strumenti per esercitare questa attività autonoma sono espressamente indicati dal c.p.p. a partire dall'art 349: identificazione della persona nei cui confronti vengono svolte le indagini e di altre persone.

L'art 350 tratta sulle "sommarie informazioni dalla persona nei cui confronti vengono svolte le indagini (il cosiddetto quasi interrogatorio).

La polizia giudiziaria può interrogare l'indagato solo in presenza di due presupposti.

1- l'indagato deve essere libera nella persona: se è arrestata o fermata ci vuole per forza il P.M.

2- all'interrogatorio deve essere obbligatoriamente presente il difensore

Tuttavia sono previste altre modalità di audizione; infatti, sempre l'art 350 dice che sul luogo, o nell'immediatezza del fatto, la polizia giudiziaria può assumere informazioni dall'indagato anche in assenza del difensore. Ma queste informazioni non possono essere verbalizzate, serviranno solamente per indirizzare le indagini.

Esiste un'altra modalità di raccolta delle informazioni: le dichiarazioni spontanee, fatte dall'indagato senza che gli sia stato richiesto; le dichiarazioni spontanee non obbligano alla presenza del difensore, e possono essere verbalizzate ed utilizzate.

L'art 351 prevede la facoltà di assumere altre sommarie informazioni da parte delle persone informate sui fatti, che nell'eventuale processo diverranno con probabilità i testimoni.

L'art 352 da alla P.G. la possibilità di effettuare perquisizioni. Di solito è necessario il consenso del P.M., tranne nel caso di arresto in flagranza di reato, l'arresto in caso di evasione e tutti i casi in cui la P.G. deve eseguire un ordine di carcerazione.

Nel caso di perquisizione autonoma la P.G., entro 48 ore deve darne comunicazione al P.M, che nelle 48 ore deve convalidarla. Se non convalida, quella perquisizione non può essere utilizzata.

La P.G, ai sensi dell'art 354, può fare accertamenti urgenti sui luoghi, sulle cose e sulle persone e in casi di urgenza sequestrare il corpo del reato. Anche in questi casi è necessaria la successiva convalida da parte del P.M.

L'attività del P.M.

È praticamente infinita. Può interrogare l'indagato, assumere informazioni, disporre una consulenza tecnica per fare un accertamento, disporre il fermo di una persona ed il sequestro del corpo del reato.

Tutte le predette attività servono per poter acquisire gli elementi di prova, che serviranno al P.M. per fare le sue scelte, a conclusione delle indagini.

Alcune attività di indagine sono caratterizzate dalla loro irripetibilità, come potrebbe essere una perquisizione o una intercettazione telefonica.

In questi casi i verbali di queste attività irripetibili potranno essere utilizzate in dibattimento.

L'attività del difensore

A partire dal 2000, anche al difensore è stata riconosciuta la possibilità di svolgere le cosiddette indagini difensive (o investigazioni difensive). Ciò è regolamentato dal titolo VI bis del libro quinto del c.p.p.

I grossi studi legali hanno di fatti l'investigatore privato.

L'incidente probatorio

L'attività delle indagini servono esclusivamente per la fase pre-processuale, ma può accadere che ci sia l'urgenza di acquisire una prova, dovuta al fatto che se non si acquisisce subito, si perde. Un esempio è la testimonianza di una persona malata di cancro, che difficilmente arriverà al processo.

Per evitare questa dispersione di prova, è stato introdotto un istituto che si chiama incidente probatorio, il quale consente di assumere la prova immediatamente, durante il corso delle indagini.

Le prove che si possono assumere sono indicate all'art 392.

L'incidente probatorio si attiva su richiesta del P.M. o dell'indagato.

La richiesta viene rivolta al G.I.P., il quale dopo aver valutato la situazione deciderà se acconsentire all'assunzione della prova anticipatamente al dibattimento.

Se viene disposto l'incidente probatorio, la parti verranno avvisate della data dell'udienza camerale (senza pubblico) durante la quale, alla presenza del G.I.P., verrà assunta la prova.

Le modalità di assunzione sono quelle del dibattimento, e quindi si fa l'esame incrociato: sono le parti che rivolgono le domande al testimone.

15. La chiusura delle indagini

Il P.M. deve scegliere se chiedere l'archiviazione o il rinvio a giudizio al G.I.P.

Si ha l'archiviazione quando:

1- La notizia di reato è infondata (art 408 c.p.p.): gli elementi raccolti non consentono di avviare il processo, e laddove il processo si facesse, si arriverebbe ad un proscioglimento (quindi lavoro inutile).

2- Manca la condizione di procedibilità (ad es. manca la querela). Il processo non può essere posto in essere.

3- Il reato è estinto (ad es è morto l'indagato).

4- Il reato è prescritto.

5- Sono ignoti gli autori del fatto (art 415 c.p.p.).

Il procedimento di archiviazione

Si ha la richiesta del P.M., accompagnata da tutti gli elementi a supporto, nei confronti del G.I.P.; deciderà poi quest'ultimo.

Se favorevole, emetterà il decreto di archiviazione.

In caso di dubbio il G.I.P. convoca un'udienza, chiamando le parti per chiedere chiarimenti: il soggetto indagato, il P.M. e la persona offesa.

Quindi deciderà o per l'ordinanza di archiviazione (ordinanza perché c'è stata l'udienza), o imporrà al P.M. di continuare le indagini (prolungandone il termine) o imporrà al P.M. di esercitare l'azione penale (che sarebbe il rinvio al giudizio, ma che in questo caso si chiama imputazione coatta - obbligata dal giudice -).

Il P.M. può comunque chiedere la riapertura delle indagini, con una nuova iscrizione e una nuova decorrenza di termini.

Il rinvio a giudizio

Si ha quando gli elementi raccolti nelle indagini sono sufficienti per sostenere l'accusa in dibattimento.

La richiesta di rinvio a giudizio apre la fase dell'udienza preliminare, prima fase processuale vera e propria, che si svolge davanti al G.U.P.

16. L'udienza preliminare

L'udienza preliminare viene chiamata udienza filtro, perché serve a verificare la fondatezza dell'accusa del P.M., ed a evitare inutili dibattimenti.

Ricevuta la richiesta, il G.U.P. fissa la data dell'udienza e convoca le parti.

Il giorno dell'udienza, per prima cosa il G.U.P. controlla la regolare presenza delle parti.

Se nota vizi rinvia l'udienza, perché la presenza delle parti è importantissima.

Dopo di ché si avvia la discussione; è obbligatoria la presenza del P.M. e del difensore, ma non quella dell'imputato. In caso di assenza volontaria di quest'ultimo, si dice che il processo si fa in contumacia.

Nella discussione per primo parla il P.M., che espone le sue ragioni alla luce degli elementi raccolti.

Poi parla il difensore della parte civile, se costituitasi.

Successivamente è il turno del difensore del responsabile civile ed infine del difensore dell'imputato, che ha sempre diritto a parlare per ultimo.

L'udienza preliminare è il momento a partire dal quale si possono costituire la parte civile ed il responsabile civile.

Finita la discussione il G.U.P., se in grado di decidere, emette il provvedimento conclusivo, oppure può indicare al P.M. nuovi temi di prova, dandogli un termine per lo svolgimento delle indagini, fissando la data per una nuova udienza. Altrimenti può assumere d'ufficio le prove il giudice stesso, ma deve trattarsi di prove a favore dell'imputato (con il solo fine di scagionarlo).

Il provvedimento conclusivo consiste nella sentenza di non luogo a procedere o un decreto che dispone il giudizio.

La sentenza di non luogo a procedere

Può essere una sentenza di diritto (di legittimità) o di merito.

È di diritto quando non ha ad oggetto il merito della causa, e cioè la responsabilità del soggetto. Sono sentenze di non luogo a procedere di diritto: la sentenza di non luogo a procedere per mancanza di condizione di procedibilità (ad es. manca la querela); la sentenza di non luogo a procedere perché il reato è estinto.

È di merito quando c'è l'accertamento di responsabilità del soggetto; sono: la sentenza di non luogo a procedere perché il fatto non sussiste (ad es. era tutta un'invenzione); la sentenza di non luogo a procedere perché il soggetto non ha commesso reato; la sentenza di non luogo a procedere perché il fatto non costituisce reato (manca un qualcosa che lo fa rendere tale); la sentenza di non luogo a procedere perché il fatto non è previsto dalla legge come reato.

Nei confronti di questa sentenza è possibile la revoca, che viene chiesta al G.U.P. dal P.M., quando ci sono nuovi elementi di prova dai quali può dedursi che il soggetto prosciolto debba invece essere rinviato a giudizio.

La sentenza di non luogo a procedere può essere impugnata: si può avere l'appello ed il ricorso in cassazione.

Il decreto che dispone il giudizio

Viene emesso dal G.U.P. quando gli elementi emersi nell'udienza preliminare sono sufficienti per avviare il dibattimento.

Questo decreto ha una doppia funzione:

è il provvedimento che conclude l'udienza preliminare;

nello stesso tempo è il provvedimento di apertura del dibattimento, tanto è vero che vale come atto di citazione a giudizio.

17. I principi generali del dibattimento

Il dibattimento è il cuore del processo penale, è il momento della formazione della prova; è la fase nella quale finalmente si deciderà se l'imputato deve essere condannato o prosciolto.

Il dibattimento (o giudizio) si divide in:

Atti preliminari al dibattimento

Consistono in una serie di attività preparatorie del dibattimento vero e proprio. Sono attività che non si svolgono in udienza (si svolgono prima, sono preparatorie).

Tra esse ricordiamo la possibilità di spostare la data dell'udienza, o la possibilità di compiere atti urgenti.

Ma l'attività più importante è la presentazione delle liste dei testimoni, periti, consulenti, tecnici e imputati dei procedimenti commessi.

Le liste sono presentate dalle parti.

La lista indica anche l'oggetto su cui quella persona deporrà.

La lista ha dunque lo scopo di evitare prove a sorpresa, in maniera tale che ciascuna parte sappia a cosa verrà incontro (le liste possono essere presentate fino a sette giorni prima dell'udienza).

Se compaiono, ad es., dei testimoni nuovi, la lista sarà vincolante fino ad un certo punto: le prove nuove possono essere accettate a discrezione del giudice, previa dimostrazione che queste nuove prove non erano conosciute in precedenza.

Se così sarà, il giudice dovrà successivamente ammettere le prove contrarie o a discarico, ossia tutte quelle prove che contraddicono la nuova prova presentata dalla parte opposta.

Dibattimento vero e proprio

Il dibattimento presenta delle suddivisioni (fasi):

- Atti introduttivi del dibattimento;

- Istruttoria (o istruzione) dibattimentale;

- Discussione finale.

Comunque i caratteri fondamentali della fase dibattimentale sono:

- La pubblicità: il dibattimento deve poter essere conosciuto da tutti, ed infatti è aperto al pubblico. Si possono fare le riprese televisive; tuttavia, sia l'imputato che il testimone che non voglia essere riconosciuto non può essere ripreso.

La pubblicità viene meno nel caso di processo per i minorenni: in questo caso si ha un processo camerale, quindi senza pubblico; ma il minore (con almeno 16 anni di età) può chiedere la pubblicità del processo.

La pubblicità può venire anche meno, a discrezione del giudice, nel caso in cui si debba tutelare la privacy di qualcuno (in questo caso non sarà pubblica solamente la fase in cui verrà ascoltata la predetta persona) o la sua moralità, o dr il caso in giudizio ha fatto molto scalpore nell'opinione pubblica e non la si vuole turbare ulteriormente.

- L'oralità: le parti portano le prove a conoscenza del giudice in maniera orale (a voce).

La lettura è consentita come eccezione all'oralità nei soli casi previsti dalla legge. Ciò accade riguardo gli atti irripetibili, che vengono conosciuti attraverso i verbali redatti nella fase delle indagini e riguardo l'incidente probatorio, i risultati del quale verranno letti durante il dibattimento.

Il contraddittorio tra le parti e il contraddittorio per la prova: consiste nel confronto verbale tra le parti contrarie; ciascuna delle parti del processo dice la sua confrontandosi con le altre parti.

La contraddizione è maggiore quando si presentano le prove.

- L'immediatezza: l'immediatezza sta a significare che tutte le prove che devono essere assunte lo devono essere senza interruzioni, e soprattutto, dopo l'assunzione delle prove, la sentenza deve essere emessa subito, immediatamente dopo.

Ma, quasi sempre, si presentano delle situazioni in cui il processo non si può chiudere lo stesso giorno del suo inizio.

Per immediatezza si intende anche il rapporto di estrema vicinanza tra il giudice e la prova: la prova, cioè, si forma alla presenza del giudice.

Atti introduttivi

Non sono da confondere con gli atti preliminari, che sono prima dell'udienza.

Il giorno dell'udienza è fissato nell'atto di citazione.

Le parti si presentano davanti al giudice, che varia a seconda della gravità del reato.

Il primo compito del giudice è quello di controllare che le parti siano regolarmente costituite: questo perché ciascuna parte ha diritto a partecipare al processo, quindi si deve verificare se una eventuale assenza sia voluta o dovuta per errore (ad es. l'atto di citazione non è arrivato all'indirizzo di residenza).

In caso di assenza di una parte dovuta per errore, si rinvia l'udienza, citando nuovamente la parte assente per errore (la citazione della parte presente si fa naturalmente seduta stante).

Se l'imputato è stato regolarmente citato e non si presenta all'udienza, pur non avendo un legittimo impedimento, il processo si inizia ugualmente, e l'imputato sarà dichiarato contumace.

Dopo il regolare controllo della costituzione delle parti, si discutono le questioni preliminari, cioè situazioni che è necessario risolvere subito perché altrimenti il processo non potrebbe andare avanti; ad es. sorge una questione sulla competenza territoriale del processo.

Le questioni preliminari si discutono e si risolvono in camera di consiglio (si fa uscire il pubblico); il giudice decide con una ordinanza.

Dopo le questioni preliminari il presidente del collegio dichiara ufficialmente aperto il dibattimento.

Ha così inizio la fase relativa alla prova, che si compone di tre momenti, in cui i primi due rientrano tra gli atti introduttivi, mentre il terzo è una fase successiva, ossia l'istruttoria dibattimentale.

I due momenti che sono afferenti a questa fase sono:

- La richiesta di prova, che consiste nella richiesta di ciascuna parte, rivolta al giudice, di accogliere le prove che ritiene necessarie per sostenere la propria posizione.

L'ordine di intervento è il seguente: il P.M., il difensore di parte civile, il difensore del responsabile civile, il difensore civilmente obbligato ed il difensore dell'imputato.

- Il secondo momento è l'immissione della prova da parte del giudice, ai sensi dell'art 190 c.p.p.

E qui si chiudono gli atti introduttivi.

L'istruttoria dibattimentale

È quel momento del processo durante il quale si assumono le prove davanti al giudice, nel famoso contraddittorio tra le parti.

Quando la prova consiste in una dichiarazione da parte di taluno, si segue lo schema dell'esame incrociato, che si compone di tre momenti: esame, controesame e riesame.

Ad es., se si deve ascoltare un testimone, l'esame viene svolto dalla parte che ne ha chiesto l'assunzione (la parte che ha presentato quel testimone). Durante l'esame vengono rivolte al soggetto domande che devono essere precise (non si può dire al testimone "raccontami quello che hai visto"), alle quali si risponde con risposte secche: devono riguardare il fatto di reato di cui si tratta, e non devono avere ad oggetto la morale del soggetto, a meno che non si tratti di un reato che tratti proprio questa.

Non devono essere domande suggestive, ossia che condizionino la risposta.

Finito l'esame, le altre parti, se vogliono, possono chiedere il controesame, e pertanto possono rivolgere domande a loro volta; questa volta possono essere domande suggestive: la parte contraria ha tutto l'interesse a far crollare quello che si era costruito prima.

Finito il controesame, chi ha fatto l'esame può, se vuole, chiedere il riesame, attraverso il quale potrà nuovamente rivolgere domande al suo testimone, per riequilibrare la situazione.

Nel corso dell'esame incrociato, il giudice ha solo una funzione di controllo, e non può rivolgere alcuna domanda (è un semplice spettatore).

Assunte tutte le prove richieste, il giudice può ritenere necessarie delle integrazioni di prova, invitando le parti a portare altre prove su punti non del tutto chiari.

In ultima ipotesi, quando nonostante l'attivazione delle parti il giudice rimanga non in grado di decidere, questi può assumere d'ufficio le prove.

Chiusa l'istruttoria dibattimentale, si passa alla discussione finale, nelle quali tutte le parti presentano le proprie conclusioni.

Il primo a parlare è il P.M. (il suo discorso si chiama requisitoria), successivamente parlano i difensori delle parti (secondo l'ordine analizzato in precedenza), facendo le loro arringhe.

Dopo le conclusioni delle parti, si passa alla fase della decisione.

18. Atti successivi al dibattimento

È in questa fase che il giudice prende la decisione.

Questa fase si svolge in camera di consiglio ristretta, è cioè presente il solo giudice.

Nel caso in cui il giudice sia collegiale, si deciderà con maggioranza.

Se ad es. il collegio è composto da tre giudici, si ha la maggioranza con la decisione concorde di 2 giudici.

In caso di parità prevale la decisione più favorevole per l'imputato.

Una volta presa la decisione, il giudice ritorna in pubblica udienza, e legge il dispositivo della sentenza, nel quale si indica l'articolo del c.p. violato, il titolo del reato ed il contenuto della sentenza.

Oltre che del dispositivo, la sentenza si compone anche della motivazione, nella quale il giudice espone le ragioni in base alle quali è giunto a quella decisione, sulla base delle prove assunte.

Se la motivazione è semplice, si può scrivere subito e si legge insieme al dispositivo (ma non accade quasi mai), altrimenti il giudice ha un tempo che va dai 15 ai 90 giorni per potere scrivere la motivazione, che poi verrà depositata in cancelleria, affinché le parti possano prenderne visione.

Il deposito della motivazione è importante, perché da esso decorrono i termini per impugnare.

La sentenza dibattimentale può essere di proscioglimento o di condanna.

La sentenza di proscioglimento si divide in:

1- Sentenza di non doversi procedere: si ha quando manca la condizione di procedibilità o quando il reato è estinto (ad es. per la prescrizione).

È dunque una sentenza processuale, che non valuta il merito (non accerta se il soggetto è colpevole o meno).

2- Sentenza di assoluzione: è sentenza di merito, perché valuta la mancanza di responsabilità dell'imputato. Le formule sono:

- assoluzione perché l'imputato non ha commesso il fatto;

- assoluzione perché il fatto non sussiste;

- assoluzione perché il fatto non costituisce reato;

- assoluzione perché il fatto non è previsto dalla legge come reato;

- assoluzione perché il soggetto non è punibile:

La sentenza di condanna è, per forza di cose, una sentenza di merito, perché riconosce la responsabilità dell'imputato.

Con la condanna viene stabilita la pena e, se è il caso, vengono stabilite le pene accessorie e, se il soggetto è pericoloso, le misure di sicurezza.

19. Le impugnazioni

Le impugnazioni sono degli strumenti che la legge fornisce alle parti al fine di rimuovere uno svantaggio derivante dalla decisione del giudice.

Si chiede infatti ad un altro giudice un nuovo giudizio.

Nelle impugnazioni vige il principio di tassatività, nel senso che è la legge che dice quali sono i mezzi di impugnazione e, di volta in volta, di quale mezzo ci si può servire.

La tassatività vale anche per i soggetti che possono impugnare, perché è la legge che li indica; quando la legge non specifica, vuol dire che possono impugnare tutte le parti processuali.

Tuttavia, per potere impugnare, non basta essere legittimati, ma occorre anche avere interesse (legato alla possibilità di avere un provvedimento più favorevole; l'interesse nasce dallo svantaggio derivante dalla sentenza).

In particolare, riguardo l'imputato, ci sono dei casi in cui non si potrà avere mai un interesse, perché con l'impugnazione non si può ottenere di più: ciò accade quando non si è commesso il fatto e quando il fatto non sussiste. Infatti questi due casi sono chiamate formule ampiamente liberatorie.

Iter per impugnare la sentenza

Il soggetto presenta la domanda di impugnazione presso la cancelleria del giudice che ha emesso la sentenza.

La domanda va presentata entro termini perentori, che se non vengono rispettati privano la parte interessata al diritto di impugnazione.

Nella domanda sono contenuti i capi e i punti della sentenza che si vogliono impugnare.

I capi sono le varie imputazioni.

I punti sono i vari aspetti di ogni imputazione (tipo di pena, quantità di pena...).

La domanda contiene, in secondo luogo, i motivi per i quali non si è d'accordo con la sentenza del giudice.

La domanda contiene inoltre le motivazioni ai motivi; questo contenuto è richiesto a pena di inammissibilità.

Le impugnazioni sono lasciate alla volontà delle parti.

Allo stesso modo, la parte che ha deciso di impugnare, può pentirsi e ritirare l'impugnazione.

In questo caso il processo si concluderà ugualmente con un provvedimento del giudice, che dichiarerà la rinuncia all'impugnazione.

Gli effetti delle impugnazioni

Sono tre:

- Effetto devolutivo: la causa passa da un giudice ad un altro giudice (non è lo stesso e sarà di grado superiore);

- Effetto sospensivo: nel corso del processo di impugnazione si sospende l'esecuzione della sentenza impugnata.

Unica eccezione è costituita dalla sentenza di proscioglimento, che è immediatamente esecutiva;

- Effetto estensivo: si ha quando la sentenza è rivolta verso più imputati. Se ad impugnare è un solo imputato, gli effetti positivi dell'impugnazione si estendono anche agli altri, a meno che l'impugnazione non si basi su motivi strettamente personali (ad es. l'incapacità di intendere e di volere).

I mezzi di impugnazione

I mezzi di impugnazione si distinguono in ordinari e straordinari.

Ordinari sono quelli che impediscono il passaggio in giudicato (l'irrevocabilità) della sentenza, ossia impediscono che la sentenza diventi definitiva. Sono l'appello ed il ricorso in cassazione.

Straordinari sono i mezzi capaci di modificare una sentenza definitiva. È la revisione.

20. L'appello

L'appello è un mezzo di impugnazione ordinario mediante il quale la parte interessata chiede al giudice di appello la modifica in tutto o in parte del provvedimento impugnato.

Soggetti legittimati sono tutte le parti.

Oggetto dell'appello sono le sentenze del giudice di primo grado, escluse quelle che la legge dichiara inappellabili.

Giudici di appello sono: il tribunale monocratico contro le sentenza del giudice di pace; la corte di appello contro le sentenze del tribunale; la corte di assise di appello contro le sentenze della corte di assise.

Il potere del giudice di appello

- Potere di cognizione: è limitato dai motivi dell'impugnazione; si parla di devoluzione oggettiva;

- Potere di decisione: varia a seconda della parte che impugna.

Se ad appellare è il P.M., il giudice di appello non ha alcun limite riguardo la decisione (sempre relativamente all'oggetto).

Se ad appellare è l'imputato, il giudice deve sottostare al cosiddetto divieto di riformare in peggio, pertanto se viene appellata una sentenza di condanna, non si può aumentare la pena; se viene appellata una sentenza di assoluzione, non si può condannare e non si può assolvere con una sentenza meno favorevole (ciò esiste per evitare di scoraggiare l'appello).

Lo svolgimento del giudizio di appello

Esistono due modalità:

- Camera di consiglio: si ha ad oggetto la specie e la misura della pena. La presenza delle parti è facoltativa, tranne nel caso eccezionale in cui si deve assumere una prova (ciò si verifica quando il giudice non è in grado di decidere in base alle prove del primo grado di giudizio).

- Pubblica udienza: si ha quando si hanno ad oggetto gli atti preliminari, il dibattimento vero e proprio e gli atti successivi.

Nella fase degli atti preliminari il giudice valuta l'ammissibilità della domanda di appello; se non è ammissibile emette l'ordinanza di inammissibilità.

Se invece è ammissibile, si passa all'udienza, che risulta essere molto più semplice rispetto al primo grado.

Innanzitutto, il cosiddetto giudice relatore, quello che ha studiato la documentazione del giudizio di primo grado, fa la relazione della causa. Se la relazione non è sufficiente, si può dare lettura di verbali del giudizio di primo grado.

In ultima ipotesi, se il giudice non può assolutamente decidere, si assumono nuove prove (rinnovazione dell'istruttoria dibattimentale).

Poi si passa alla discussione finale.

Infine il giudice emette la discussione finale.

Le sentenze

Possono essere di conferma, quando si ritiene corretta la sentenza del giudice di primo grado; in questo caso si motiva il perché.

Possono essere di riforma, quando invece si modifica la sentenza del giudice di primo grado. La modifica può essere parziale o totale.

21. Ricorso per cassazione

È il mezzo di impugnazione con il quale la parte interessata chiede alla corte di cassazione l'annullamento, in tutto o in parte, di un precedente provvedimento giurisdizionale.

Sono soggetti legittimati al ricorso tutte le parti.

I provvedimenti che si possono impugnare sono tutte le sentenze del giudice di appello, ma anche le sentenze del giudice di primo grado che non sono appellabili.

La possibilità di ricorso contro le sentenze di primo grado si ha anche nel cosiddetto ricorso per saltum (per salto): si salta il primo grado, solamente nel caso in cui non si debbano far valere diritti di merito.

Giudice è la corte di cassazione, che ha sede solo a Roma. Lì si trovano le sette sezioni.

Ciascuna sezione è composta da cinque consiglieri di cassazione.

La corte di cassazione ha un presidente.

All'interno della corte di cassazione si hanno anche le sezioni unite; si riuniscono nel momento in cui è necessario il loro intervento (è composta da otto consiglieri scelti tra le varie sezioni più il presidente), ossia in presenza di casi molto complessi.

Rispetto all'appello, si ha una grande differenza: mentre nell'appello sono le parti che individuano i motivi per cui impugnano, nel ricorso per cassazione i motivi sono tassativamente indicati dalla legge, all'art 606 c.p.p.:

- Eccesso di potere: si ha quando il giudice, nel decidere, ha invaso il campo di un altro potere dello Stato (non c'entra nulla con l'incompetenza);

- La violazione della norma penale;

- La violazione di una norma contenuta nel c.p.p.; la norma violata deve essere prevista a pena di nullità, inammissibilità, decadenza ed inutilizzabilità;

- La mancata assunzione di una prova decisiva da parte del giudice dei gradi di giudizio precedenti:

- La motivazione della sentenza. È la mancanza o la manifesta illogicità della motivazione della sentenza.

Poteri della corte di cassazione

Essa è limitata dai motivi presentati dalle parti.

Svolgimento del giudizio di cassazione

La domanda viene presentata presso la cancelleria del giudice che ha emesso la sentenza.

Questo giudice ha l'obbligo di trasferire gli atti alla cancelleria della corte di cassazione.

Il primo compito che spetta al presidente della corte di cassazione è quello di vedere se il ricorso è ammissibile (perché è inutile perdere tempo).

Per questo motivo è stata creata la sezione filtro (attualmente è la settima sezione), che ha il compito esclusivo di verificare l'ammissibilità dei ricorsi.

Se il ricorso non è ammissibile, la sezione filtro informa il presidente, che emetterà l'ordinanza di inammissibilità.

Anche nel caso in cui sia ammissibile, si trasferiscono gli atti al presidente, perché il caso deve essere assegnato ad una delle altre sei sezioni, o alle sezioni unite.

Il giudizio di cassazione è ancora più semplice di quello di appello, perché i giudici esaminano soltanto la documentazione scritta. È un giudizio assolutamente cartolare.

In cassazione non ci potrà mai essere una assunzione di prova.

Quindi il giudizio di cassazione consiste solo e soltanto nella relazione della causa che il giudice relatore (uno dei cinque componenti della sezione), fa al collegio; relaziona il giorno dell'udienza.

Anche in cassazione si hanno due modalità:

- L'udienza camerale: si ha quando la sentenza impugnata è stata emessa a sua volta in camera di consiglio. Non c'è obbligo di presenza delle parti. Il P.M. ha la facoltà di presenziare (è libero di essere presente o meno). È invece vietata la presenza sia dell'imputato che del suo difensore.

- Pubblica udienza: ci vuole la presenza obbligatoria del P.M. e la presenza facoltativa dei difensori; rimane il divieto di presenza dell'imputato e delle altre parti.

Dalla relazione della causa si passa alla discussione finale (sempre che ci sia una parte).

Si ha infine l'emanazione della sentenza.

In una stessa udienza si trattano più cause (al contrario del primo grado). Infatti al di fuori dell'aula c'è il ruolo di udienza (l'elenco dei casi esaminati in quel giorno).

Sentenze della corte di cassazione

- Sentenza di inammissibilità: mancano, nella domanda di ricorso, i requisiti richiesti dalla legge (di tempo, di forma, di contenuto...);

- Sentenza di rigetto: si ha quando i motivi del ricorso sono infondati;

- Sentenza di rettificazione: corregge gli errori materiali della sentenza (ad es. l'imputato viene chiamato Giuseppe al posto di Giovanni, o si è condannati per furto ma la sentenza indica l'art dell'omicidio);

- Sentenza di annullamento: accoglie il ricorso. Chi ha fatto il ricorso ha ragione. Si annulla la sentenza impugnata.

Si hanno due tipi di annullamento:

1- Annullamento senza rinvio: non è necessario un nuovo esame del merito, e pertanto, in virtù dei suoi poteri, la corte di cassazione annulla la precedente sentenza, che rimane dunque priva di ogni efficacia;

2- Annullamento con rinvio: si ha quando è necessario un nuovo giudizio di merito e la cassazione, non potendolo fare essa stessa, deve rinviare il giudizio ad un altro giudice di merito, che è chiamato giudice di rinvio.

In questo caso si ha un nuovo giudizio, davanti il giudice di rinvio, che si concluderà con una sentenza che andrà a sostituire quella annullata.

Il giudice di rinvio è un giudice di pari grado rispetto a quello della sentenza impugnata, ma fisicamente diverso.

Contro la sentenza del giudice di rinvio è possibile di nuovo impugnare (quindi teoricamente il processo potrebbe non finire mai).

22. La revisione

È un mezzo di impugnazione straordinario, mediante il quale il soggetto condannato ingiustamente chiede che venga sanato l'errore giudiziario, e che venga dunque prosciolto.

La revisione si può fare contro la sentenza di condanna solo col fine di ottenere il proscioglimento.

Per la revisione non esistono termini; ciò significa che il soggetto che chiede la revisione, può essere in espiazione di pena o addirittura averla già scontata.

La revisione si può fare anche dopo la morte del soggetto (può essere chiesta dai familiari che vogliono che la memoria del loro caro non rimanga infangata).

I casi di revisione sono tassativamente indicati all'art 630 c.p.p.; tra questi casi quello più rilevante riguarda la nuova prova, che è idonea a dimostrare l'innocenza del condannato.

Competente per la revisione è la corte di appello.

La corte di appello esamina innanzitutto l'ammissibilità della richiesta e, se ritenuta ammissibile, pone in essere un processo secondo le regole previste per l'appello.

La revisione si può concludere con due provvedimenti:

- La sentenza di rigetto: le nuove prove non sono idonee a dimostrare l'innocenza del soggetto;

- La sentenza di accoglimento: le ragioni su cui si basa la richiesta di revisione sono fondate.

In questo caso la corte di appello emette un doppio provvedimento: revoca la sentenza di condanna e nello stesso tempo emette la sentenza di assoluzione.

Il soggetto assolto ha diritto ad un riconoscimento morale, tanto è vero che la nuova sentenza viene pubblicata su un quotidiano del luogo in cui vive il soggetto, e viene affissa presso la casa comunale.

Il soggetto ha anche diritto ad un risarcimento, che può chiedere alla corte di appello, la quale assegnerà una somma di denaro o stabilirà un vitalizio.

23. Il passaggio in giudicato della sentenza

La sentenza diventa irrevocabile quando si sono percorsi tutti i gradi di giurisdizione, o quando sono decorsi inutilmente i termini per impugnare.

In questi casi la sentenza irrevocabile si dice che acquista autorità di cosa giudicata.

Effetti del giudicato sono:

- l'obbligatorietà: la sentenza è obbligatoria per tutti i destinatari;

- l'esecutività: la sentenza può essere eseguita;

- il divieto di secondo giudizio: il soggetto che è stato prosciolto o condannato con sentenza definitiva non può essere sottoposto a procedimento penale per lo stesso fatto (art 649 c.p.p.).

Nel caso in cui nel corso del processo il giudice si dovesse accorgere che l'imputato è già stato giudicato per quel fatto, deve immediatamente prosciogliere, per il divieto di secondo giudizio.

Nell'ipotesi in cui si dovesse arrivare ad una seconda sentenza per lo stesso fatto, se ne darà esecuzione ad una sola, e a quella più favorevole per il soggetto.

L'organo dell'esecuzione penale è il P.M.

Nel caso di condanna a pena detentiva, il P.M. emette l'ordine di esecuzione, che contiene l'ordine di carcerazione rivolto alla polizia giudiziaria.

Nel caso in cui la pena non superi i tre anni di detenzione (quattro per i dipendenti da sostanze psicotrope), il P.M. sospende l'ordine di esecuzione al fine di consentire al condannato di chiedere misure alternative alla detenzione.

Nella fase dell'esecuzione si hanno anche due organi giurisdizionali, che insieme compongono la magistratura di sorveglianza.

Sono il magistrato di sorveglianza e il tribunale di sorveglianza.

Le funzioni del magistrato di sorveglianza

Il magistrato di sorveglianza è un organo monocratico che ha funzioni di:

- Vigilanza e controllo: compito del magistrato di sorveglianza è quello di controllare e di vigilare sulla correttezza dell'esecuzione della pena. Esercita questo controllo mediante periodiche visite in carcere, durante le quali fa colloqui con i detenuti che li hanno chiesti. Se nelle sue visite scopre delle irregolarità, ne da comunicazione al ministro della giustizia.

- Funzioni consultive: il magistrato di sorveglianza viene consultato per dei pareri. È previsto per la richiesta di grazia, ma non è vincolante per il presidente della Repubblica.

- Funzione deliberativa: prende delle decisioni. La gran parte delle decisioni del magistrato di sorveglianza hanno natura amministrativa (sono delle autorizzazioni).

I provvedimenti del magistrato di sorveglianza che hanno valore giurisdizionale sono quelli relativi alle misure di sicurezza.

Prima di mettere in esecuzione una misura di sicurezza, è necessario un riesame della pericolosità; questo è un compito che spetta al magistrato di sorveglianza.

L'esame viene svolto nel corso del procedimento di sorveglianza, a conclusione del quale il magistrato di sorveglianza dispone con ordinanza o l'esecuzione della misura di sicurezza inflitta dal giudice del processo (in questo caso ritiene che la pericolosità del soggetto è rimasta invariata), o la modifica (se ritiene che la pericolosità si sia attenuata); o infine revoca la misura di sicurezza (se ritiene che il soggetto non sia più pericoloso).

Le funzioni del tribunale di sorveglianza

È un organo collegiale a composizione mista: due giudici togati e due giudici esperti in materie come psicologia, criminologia, scienze giuridiche, pedagogia, servizio sociale.

Il tribunale di sorveglianza è competente per le misure alternative alla detenzione.

È sempre organo giurisdizionale, in quanto decide a conclusione del procedimento di sorveglianza.

Per le misure alternative è giudice di primo grado, mentre per le misure di sicurezza è giudice di appello contro i provvedimenti del magistrato di sorveglianza.

Il procedimento di sorveglianza

È il procedimento attraverso il quale si applicano le misure di sicurezza e le misure alternative alla detenzione.

Si svolge in camera di consiglio, ed ha inizio o a seguito di richiesta del soggetto interessato o del suo difensore o del P.M., o può iniziare d'ufficio, quando il giudice si attiva autonomamente.

La prima valutazione del giudice riguarda l'ammissibilità della richiesta.

La richiesta è inammissibile quando è riproposizione di una richiesta già rigettata, basata sugli stessi elementi, oppure quando manca delle condizioni previste dalla legge.

Una volta presentata la domanda si da avvio alla fase istruttoria, che serve a raccogliere tutti gli elementi utili alla decisione.

Una volta raccolto il materiale, si fissa la data dell'udienza, alla quale partecipano obbligatoriamente il P.M. ed il difensore, facoltativamente il condannato.

Uno dei magistrati di sorveglianza fa la relazione della causa.

Se la relazione è ritenuta sufficiente si passa direttamente alla decisione, altrimenti si possono acquisire altri elementi, rinviando l'udienza ad un'altra data.

Si avrà poi la discussione finale.

Infine il giudice decide con ordinanza, ricorribile in cassazione.

24. Gli atti (i provvedimenti) del giudice

La sentenza

La sentenza è l'atto conclusivo di una fase o di un grado del processo.

La sentenza si compone di due parti:

- Il dispositivo, che viene emesso in nome del popolo italiano e che contiene l'indicazione dell'art di legge violato, la qualificazione giuridica del fatto ed il contenuto della sentenza.

- La motivazione, che è il percorso logico seguito dal giudice per arrivare a quella conclusione.

Se manca una di queste due parti la sentenza si può considerare nulla.

L'ordinanza

È il provvedimento con il quale si risolvono questioni interne al processo, durante il corso dello stesso.

L'ordinanza, di solito, si emette a seguito di una udienza camerale, e quindi presuppone il confronto tra le parti.

Anche l'ordinanza deve essere obbligatoriamente motivata.

Il decreto

Il decreto è un provvedimento che il giudice prende al di fuori dell'udienza, e dunque senza che ci sia confronto con le parti.

Non c'è alcun obbligo di motivazione.

25. Gli atti del P.M.

Le richieste

La richiesta è un atto di iniziativa. Serve a sollecitare l'attività del giudice.

Le requisitorie

Le requisitorie sono atti conclusivi. Di solito sono i discorsi conclusivi di un processo subito prima della decisione del giudice.

Bonus: Diritto Civile e Politico dei Migranti

Le questioni relative alla situazione giuridica dello straniero costituiscono un osservatorio privilegiato per comprendere, non solo in Italia e in Europa, ma in tute le società occidentali, i processi d'integrazione o di rifiuto degli immigrati stranieri.

Si tratta senza dubbio di una grande opportunità per misurare i progressi, i rallentamenti o addirittura le battute d'arresto sulla via dell'effettiva parità tra immigrati e cittadini nel godimento dei diritti umani fondamentali, ma anche per misurare il livello di maturità degli Stati interessati da questi problemi.

Che i processi migratori siano inarrestabili, almeno nel medio termine, è qualcosa che tutti i governi europei danno per scontato da almeno vent'anni. Questi processi sono governati con risultati alterni, che dipendono da variabili molto diverse: gli atteggiamenti della popolazione e le opinioni delle organizzazioni sociali (si pensi a partiti politici, sindacati, strutture di volontariato, ONG, chiese), la crescita o il declino economico contingente, e gli orientamenti politici prevalentemente a lungo termine, che oscillano sempre – da un lato - tra impulsi umanitari e aperture all'accoglienza universalista di individui o interi gruppi umani, a chiusure etnico-ideologiche, talvolta venate di atteggiamenti razzisti - dall'altra parte. Inoltre, va notato che le difficoltà di incontro e convivenza tra culture diverse, mentalità diverse, modi diversi di essere e di pensare, che nascono dall'incontro e generano tensioni, tendono generalmente ad essere amplificate in tempi di crisi economica. Chiusure d'identità, assieme alla paura di avere a che fare con il "diverso" e con l'"altro", tendono a rivelarsi soprattutto quando le persone, i cittadini, hanno paura della prospettiva di perdere quel livello di benessere precedentemente, per sé e per i propri figli.

Le migrazioni sono un fenomeno che da sempre caratterizza l'umanità, tanto che si è detto che "l'uomo è una specie migratrice". Infatti, prima di diventare (relativamente) sedentaria, l'umanità era nomade, impegnata in continui movimenti per seguire la preda che mangiava, scoprire nuovi terreni di caccia, sfuggire ai disastri naturali. E, fin dalle origini della storia umana, chiunque non appartenesse alla propria famiglia o al proprio nucleo tribale era considerato un elemento di disturbo in quanto portatore d'interessi opposti a quelli del gruppo.

Tra i popoli antichi, solo gli ebrei sembravano essere ben disposti verso gli stranieri; infatti, nella legge ebraica si trovano brani molto emblematici: "... ascoltateli e giudicate ciò che è giusto, cittadino o straniero che sia; il giudizio tra di voi sia giusto, sia che a peccare sia il cittadino o lo straniero". Nella civiltà egizia gli stranieri erano profondamente disprezzati al punto che venivano rimossi dai tavoli e il coltello toccato da un non egiziano era considerato impuro.

I Greci consideravano stranieri tutte le persone che vivevano fuori dalla città-stato e, quindi, non potevano godere dei diritti civili e politici. Solo successivamente questo rigore fu leggermente mitigato, e agli stranieri fu consentito di divenire titolari di alcuni diritti e di partecipare ad alcune attività all'interno della *polis* . Ciò è avvenuto principalmente a seguito della stipula di trattati tra le diverse realtà locali, a cui ha fatto seguito l'emanazione di specifici decreti per regolamentare l'esercizio di tali prerogative. Fu grazie a questi strumenti che si formarono numerose figure intermedie tra il cittadino e lo straniero. Tra i cittadini a pieno titolo e gli schiavi (i non *liberi*), i *metéci hanno* svolto un ruolo di assoluta importanza economica: erano gli stranieri che risiedevano nelle città-stato per un determinato periodo di tempo, costretti a iscriversi in appositi registri, trovare un protettore e pagare un'imposta sulla persona. I meticci non potevano possedere immobili e non potevano esercitare i diritti politici e, quindi, la possibilità di partecipare alla formazione delle decisioni pubbliche. Certamente, però, la loro posizione era nettamente migliore di quella degli schiavi (gli oggetti animati di cui parlava Aristotele) che godevano dell'unico diritto di non essere uccisi impunemente. A causa di questi apparenti paradossi della storia, l'asimmetria di posizione tra cittadini e *meteci* si ripeterà, come una costante, e ancora oggi caratterizza la condizione del lavoratore immigrato straniero.

La civiltà romana, anche se molto gradualmente, ha riconosciuto alcuni diritti agli stranieri. Il popolo romano, definendo lo straniero con il termine *hostis* (che designava indiscriminatamente lo straniero e il nemico), rivelò la sua particolare ostilità nei confronti di questa questione, principalmente riconducibile alla nozione di popolo sconfitto, ridotto in schiavitù e privato di ogni diritto civile e politico.

Alcuni esempi, in quest'ultimo senso, possono essere utili. I beni degli stranieri erano considerati *res nullius (di nessuno)* e i rapporti eventualmente stabiliti con i romani non avevano valore legale. Ma, soprattutto dopo la straordinaria espansione territoriale dell'Impero Romano, è stato necessario modificare lo scenario originario e rivedere, almeno in parte, lo status giuridico dello straniero. Assieme ai vari accordi stipulati tra Roma e i popoli sconfitti, annessi all'Impero o con l'unico scopo di instaurare nuovi rapporti commerciali, furono stabiliti una serie di rapporti basati sulle nozioni di *hospitium* e *amicitia* e, conseguentemente, vennero creati varie categorie di straniero. In questo modo si fece il primo passo a favore degli *ospiti* che si unirono alle attività dell'Impero, anche se solo per ragioni economiche. Questo insieme di figure differenziate, ma tutte legate in qualche modo all'Impero Romano, fu pienamente equiparato a cittadini romani dal 212 d.C. con la *Constitutio Antoniniana de civitate,* che segnava il culmine della romanizzazione ed estendeva il diritto di cittadinanza a tutti i sudditi liberi dell'Impero. Quelle popolazioni che i romani definivano “barbari” (che paradossalmente avrebbero presto conquistato la stessa Roma) furono escluse da questa espansione.

Nel periodo feudale il principio territoriale ha prevalso sul principio personale e ciò è confermato dall'operatività di alcuni istituti come, ad esempio, l'albinage, ovvero il diritto dello Stato di confiscare i beni lasciati nel proprio territorio da uno straniero non naturalizzato deceduto e senza eredi legittimi o testamentari.

La Rivoluzione francese del 1789, autentico momento di rottura tra *ancien régime* e modernità, registrò notevoli aperture a favore degli stranieri e ciò principalmente dovuto ai principi della Rivoluzione stessa (uguaglianza, libertà, fraternità) orientati all'umanizzazione dei diritti fondamentale. (Ad esempio, il decreto francese del 6 agosto 1790 abrogava espressamente il diritto di albinazione). È in questa fase storica che la nozione di cittadinanza acquista importanza soprattutto grazie alla trasformazione dell'individuo da semplice soggetto a cittadino. Nella fase giacobina della Rivoluzione francese, l'idea della cittadinanza come virtù collettiva godeva di maggiore espansione e si contrapponeva alle identità alternative che fondavano la struttura del precedente regime (classi, corporazioni, appartenenza religiosa) e che erano considerate in modo del tutto negativo. L'idea di cittadinanza era talmente esaltata da essere considerata potenzialmente estendibile a tutta l'umanità come comunità di individui liberi ed eguali.

Il superamento della fase rivoluzionaria e l'arrivo del modello di stato liberale ottocentesco hanno caricato la nozione di cittadinanza con sfumature molto diverse, legate all'etnia, alla cultura, alla lingua, alla storia: in una parola, alla nazione. L'aspirazione a costruire la figura del cittadino del mondo è progressivamente scomparsa per cedere tristemente il posto alla divisione basata sull'etnia: la cittadinanza è diventata in modo preponderante quel legame che unisce una moltitudine d'individui diversi al suo interno, unendoli in un sistema di diritti e doveri. Essere cittadino significava riconoscersi (ed essere riconosciuti dallo Stato stesso) come appartenente idealmente a una comunità politica fondata su precisi valori storico-culturali. E, in virtù di questa appartenenza, il cittadino poteva godere di una serie di diritti contro l'adempimento di una serie di doveri.

Da quanto detto è chiaro come si siano assestati sulla nozione di cittadinanza, in modo quasi schizofrenico due sensi opposti: da un lato, la cittadinanza nella sua dimensione verticale (o statica) come qualità personale del soggetto che designa un rapporto tra lui e lo Stato e che si assume dall'ordinamento giuridico, che identifica i destinatari di determinate disposizioni (diritti e doveri); dall'altra, la cittadinanza nella sua dimensione orizzontale (o dinamica), in cui coincide con il pieno ed effettivo esercizio dei diritti e delle libertà democratiche sanciti nei documenti costituzionali ed esercitabili all'interno della comunità politica di appartenenza. In altre parole, nella visione tradizionale dello stato-nazione si finisce per identificare l'identità nazionale (cioè il sentimento di appartenenza etnico / culturale e l'omogeneità di discendenza) con la cittadinanza politica (cioè il riferimento allo stato come associazione di individui liberi ed eguali che vi aderiscono liberamente, per scelta e indipendentemente da eventuali criteri di attribuzione quali mera nascita o residenza).

Se questo legame tra nazionalità e cittadinanza ha contribuito a "costruire" l'idea stessa di popolo e di sovranità che le corrisponde, ha comunque portato a una neutralizzazione della cittadinanza stessa, che è diventata uno strumento giuridico capace di differenziare i membri delle diverse nazioni e la distinzione tra chi è cittadino e chi no, tra cittadino e straniero, consolidando l'idea di un "noi" omogeneo, unito da legami di solidarietà contro "gli altri", sempre potenzialmente nemici.

La cittadinanza si configura, cioè, come concetto di chiusura e l'universo sociale, giuridico e politico è quasi perfettamente diviso a seconda che appaia o meno la condizione di cittadinanza, quindi la definizione di straniero ha una nozione fondamentalmente negativa: **è uno straniero chi non è un cittadino** .

Ancora oggi non è facile dare una definizione chiara di straniero. Certamente, per lo Stato italiano, chiunque non sia cittadino italiano è straniero. Ma la non cittadinanza corrisponde, come vedremo, a statuti giuridici molto diversi. Insomma, possiamo dire che non sono cittadini italiani: cittadini europei; cittadini di paesi terzi (cosiddetti extracomunitari, legali e non); apolidi.

1. Migrazioni per motivi economici e migrazioni per motivi politici

Da queste poche indicazioni emerge da un lato la complessità della stessa nozione di cittadinanza, dall'altro la quantità di anni che ha il fenomeno migratorio, anche se ha raggiunto dimensioni enormi con la formazione della moderna società industriale.

I motivi che spingono le persone a lasciare il proprio Paese di origine ed emigrare in Stati diversi da quello di cui sono cittadini sono molto vari e, in molti casi, difficili da approfondire e chiarire. Tralasciando fattori contingenti come guerre, calamità naturali, persecuzioni individuali, rimane per una parte cospicua delle persone che decidono di emigrare, la ricerca di condizioni di vita nuove e migliori.

Il 'migrante' può essere definito come il soggetto (persona umana) che, per motivi ritenuti essenziali, lascia la sua terra di origine o residenza abituale per stabilirsi in un altro luogo, per sempre o solo temporaneamente, per realizzare le proprie aspirazioni che possono variare dalla conservazione della vita fino alla ricerca di condizioni per una migliore autorealizzazione.

Le migrazioni sono processi eterogenei e fluidi e la definizione degli immigrati cambia a seconda dei contesti legali, degli eventi storici e delle contingenze politiche.

L'attenzione ai temi dell'immigrazione, dell'asilo politico, del riconoscimento dello status di rifugiato e più in generale dello status giuridico dello straniero è andata sempre più crescendo, negli ultimi trent'anni, non solo in Italia ma in molti altri stati europei. Come gli altri Paesi del Mediterraneo, infatti, nell'arco di un ventennio l'Italia si è trasformata da Paese da cui le persone emigravano, a destinazione di grandi flussi migratori; questa trasformazione è avvenuta quasi inconsciamente e ha colto di sorpresa istituzioni pubbliche, attori politici e società nel suo insieme. Questa mancanza di preparazione, come vedremo, ha pesato molto sull'esatta ricezione del fenomeno migratorio percepito dalla maggioranza (e soprattutto da alcune forze politiche) non tanto come una risorsa ma come un "pericolo" e una "minaccia" all'ordine pubblico.

La classificazione dei fenomeni migratori è un compito molto difficile perché molto spesso i fattori che portano all'emigrazione non sono facilmente e facilmente separabili. Così accade che, molto spesso, le diverse categorie di migranti elaborate dagli studiosi finiscano per sovrapporsi.

La prima e probabilmente la più importante distinzione da fare è tra migrazione per motivi "**politici**" e migrazione per motivi "**economici**" .

La prima categoria comprende i richiedenti asilo, i rifugiati e coloro che necessitano di qualche forma di protezione sussidiaria o umanitaria (la cosiddetta "protezione internazionale"). Ora, mentre il migrante per motivi economici è colui che decide volontariamente di lasciare il proprio Paese per stabilirsi, temporaneamente o definitivamente, in un altro Stato alla ricerca di migliori condizioni di vita, il migrante per ragioni politiche non si muove per libera scelta, ma piuttosto è costretto a farlo: lascia il suo paese per sfuggire a gravi persecuzioni e violenze. In base a quanto detto, gli immigrati politici sono giuridicamente diversi dagli immigrati stranieri che vengono in Italia per motivi di lavoro, studio e/o ricongiungimento familiare. Ciò che li spinge a trasferirsi in un altro Paese non è una libera scelta, ma la mancanza di opzioni e la necessità di salvarsi la vita.

Il quadro giuridico che regola la questione dell'immigrazione per motivi politici è diverso da quello che regola la questione dell'immigrazione "economica". È un insieme complesso e articolato in cui insistono fonti normative internazionali, comunitarie e nazionali. Ciò significa che nel sistema legislativo sull'immigrazione tutta la disciplina relativa alla **protezione internazionale** (asilo, rifugio, protezione umanitaria e protezione sussidiaria[1]) ha caratteristiche distintive e peculiari e si inserisce solo parzialmente nel sistema di regolamentazione generale dell'immigrazione.

La questione dell'asilo (e istituzioni simili), infatti, ha caratteristiche particolari per almeno due ragioni. In primo luogo, in tutte le forme di Stato democratico, la disciplina del diritto di asilo si ispira a criteri e principi che abrogano parzialmente il resto della disciplina sugli stranieri, prevedendo una disciplina più favorevole allo straniero titolare del diritto di asilo e questa perché, in queste forme di Stato, si cerca di assicurare il più ampio ed effettivo rispetto dei diritti fondamentali della persona. Non sorprende, quindi, che questi Stati forniscano una protezione più ampia all'ingresso e al soggiorno nel loro territorio di stranieri la cui vita, sicurezza e libertà sono in concreto pericolo a causa di situazioni particolari in cui non si trovano gli stessi principi e diritti fondamentali effettivamente garantito o apertamente rifiutato. In secondo luogo, la disciplina del diritto d'asilo è sempre stata soggetta ai principali fatti storico-politici delle relazioni internazionali. Nella storia dell'umanità, infatti, la migrazione delle persone è stata spesso determinata da eventi bellici o per motivi politici o da qualche altra forma di persecuzione a cui, negli ordinamenti giuridici di tutti i tempi, si è sempre corrisposto con l'asilo in altri Stati.

Nel diritto internazionale, l'asilo consiste nella protezione concessa da uno Stato, all'interno della propria sfera **territoriale** (**asilo territoriale o diplomatico**) o altrove (**asilo extraterritoriale**[2]), a uno straniero che lo richieda. Perché l'asilo esista, quindi, non è sufficiente che lo Stato di emigrazione offra allo straniero una qualche forma di protezione, con conseguente ingresso nel proprio territorio, ma è necessario che esso assuma protezione contro ogni forma di ritorsione eventualmente messa in atto contro lo stesso straniero da altri Stati.

È opinione ampiamente condivisa che tra il **"diritto di asilo"** e lo **"status di rifugiato"** vi sia ancora una profonda confusione sia a livello legislativo, giurisprudenziale e amministrativo, principalmente a causa del fatto che lo stesso diritto è soggetto a protezione multi livello (internazionale, comunitario e nazionale).

La confusione terminologica, tuttavia, costituisce certamente un sintomo di svuotamento e trascuratezza del diritto di asilo. Quest'ultima, infatti, è espressamente prevista e disciplinata dalla nostra Costituzione, la quale, invece, non dice nulla sullo status di rifugiato la cui origine è prettamente internazionale. Ebbene, l'art. 10, comma tre della nostra Costituzione, stabilisce espressamente che "Lo straniero che non può esercitare effettivamente le libertà democratiche garantite dalla Costituzione italiana, ha diritto di asilo nel territorio della Repubblica, alle condizioni stabilite dalla legge". Rivendicata energicamente e orgogliosamente dai padri costituenti quale norma-manifesto indirizzata al mondo dalla nuova Italia democratica, il diritto di asilo è stato unanimemente riconosciuto come perfetto diritto costituzionale soggettivo fruibile anche in assenza della legge ordinaria. Ad oggi, infatti, non esiste ancora in Italia una legge precisa e organica che dia attuazione a questo importante principio costituzionale. Tuttavia, diverse sentenze della Corte di Cassazione hanno stabilito che il diritto di asilo sancito dalla Costituzione si configura come **diritto soggettivo** (e non come mero interesse legittimo) da riconoscere dal cittadino straniero alle condizioni previste dalla Costituzione, ossia dall'impedimento, nel Paese di origine, all'effettivo esercizio delle libertà democratiche garantite dalla Costituzione stessa. Tuttavia, per poter beneficiare di tale diritto e in mancanza di disciplina legislativa organica, lo straniero deve richiedere al giudice ordinario di adottare una dichiarazione attestante il diritto all'asilo costituzionale.

Lo status di rifugiato, d'altra parte, come anticipato, è stato regolato per la prima volta dalla **Convenzione di Ginevra** del 1951, **relativa allo status di rifugiato**[3]. Questa convenzione è il primo documento che regola l'ordinamento giuridico internazionale in termini di assistenza a chi è costretto ad abbandonare la propria terra. Ai sensi dell'art. 1 della presente Convenzione, un rifugiato è "una persona che, giustamente, per paura di essere perseguitata per motivi di **razza** , **religione** , **nazionalità**, **appartenenza a un determinato gruppo sociale o per le sue opinioni politiche**, si trova al di fuori dello Stato di cui è cittadino e non può o, a causa di quel timore, non vuole avvalersi della protezione di quello Stato[4]".

Sulla base della definizione di rifugiato prevista dall'art. 1, per richiedere lo status di rifugiato sono necessari 4 requisiti essenziali:

1) fuga dal proprio Paese: il rifugiato per essere riconosciuto come tale deve trovarsi fuori dal proprio Paese di origine;

2) la fondata paura della persecuzione: la paura della persecuzione deve essere reale, ma soprattutto deve essere un caso di persecuzione riferita direttamente alla persona che cerca rifugio;

3) deve essere una persecuzione individuale e non generalizzata: la persecuzione, temuta o subita, deve essere perseguita per una qualsiasi delle cause indicate dallo stesso art. 1 della Convenzione;

4) l'impossibilità di avvalersi della protezione del proprio Paese di origine: il richiedente rifugiato deve trovarsi nella situazione di non poter o non voler contattare le autorità del proprio Paese. Questo perché il cosiddetto *agente di persecuzione* (che perseguita) può essere direttamente il governo del Paese o un altro soggetto da loro tollerato o non osteggiato.

Tra i principi di base della Convenzione di Ginevra vi sono il divieto di sanzionare l'ingresso e il soggiorno irregolari dei rifugiati (art. 31) e il cosiddetto principio di non respingimento, secondo il quale "nessuno Stato può espellere o respingere un rifugiato ai confini di territori dove la sua vita o le sue libertà sarebbero minacciate a causa della sua razza, religione, nazionalità, appartenenza a un gruppo sociale o opinioni politiche (art. 33). Il divieto di *non respingimento* non è assoluto in quanto si riferisce solo a soggetti in possesso dei requisiti per il riconoscimento dello status di rifugiato.

Da quanto detto risulta abbastanza chiaro che i presupposti per il riconoscimento dell'asilo agli stranieri sono diversi: secondo la nostra Costituzione, si tratta dell'esistenza di un **impedimento** nel Paese di origine all'effettivo esercizio delle libertà democratiche garantite dalla Costituzione stessa. In base alla Convenzione di Ginevra, il presupposto, d'altro canto, è un **fondato timore di persecuzione** (la persecuzione, reale o temuta, deve essere trovata - e dimostrata - oltre che essere diretta e personale). In altre parole, per ottenere il riconoscimento dello status di rifugiato è necessario un requisito che non è necessario per la verifica del diritto di asilo, cioè l'esistenza di fondati motivi per ritenere che il cittadino straniero subirebbe persecuzione nel proprio Paese. In questo senso, l'oggettiva mancanza di libertà democratiche nel Paese di origine è (almeno astrattamente) sufficiente per il riconoscimento del diritto di asilo. Il riconoscimento del diritto di asilo ha conseguenze importanti poiché chi lo ottiene, tra l'altro, non può più essere estradato[5] o espulso[6].

Per quanto riguarda le migrazioni **"economiche"**, si può distinguere la figura dell'immigrato "regolare" (titolare di un permesso di soggiorno rilasciato, in molti casi, da parte delle autorità del Paese ospitante), dell'immigrato "irregolare" "(ossia il cittadino straniero che si trova nel territorio di uno Stato terzo in violazione delle norme ivi vigenti in materia d'ingresso e soggiorno e il cui soggiorno, in ultima analisi, è illegale) e il "clandestino "(che entra illegalmente nel paese ospitante eludendo i controlli alle frontiere).

Si possono fare più classificazioni tra migrazione **"volontaria"** (migranti) e "**forzata**" (l'asilo o status di rifugiato), migrazione come evento eccezionale nella vita di un individuo e migrazioni "**esistenziali**" che si verificano per quei gruppi d'individui che hanno una forte relazione con il cambiamento continuo (popolazioni nomadi o addirittura apolidi).

Secondo un criterio puramente temporale, si possono distinguere migrazioni **"brevi", "medie", "lunghe" e "definitive"**, alle quali si possono aggiungere quelle periodiche e stagionali. L'immigrazione temporanea è tipica di chi, riconoscendo il Paese di arrivo economicamente più vantaggioso, sceglie di risiedervi per un tempo limitato, con l'unico scopo d'integrare il proprio reddito; quello definitivo è caratterizzato dal fatto che la scelta del modello di vita, non solo economico, è più coinvolgente e si basa su un progetto migratorio definito e consolidato che riesce a trasferire persone anche da luoghi molto lontani. Ovviamente la distinzione tra migrazioni temporanee e permanenti è imprecisa e fluida: le prime si possono trasformare, soprattutto con il susseguirsi delle generazioni, nella seconda; le migrazioni permanenti possono non essere vissute come tali e possono essere considerate, almeno sulle ispirazioni, solo come temporanee.

Rispetto al parametro "**spaziale**", ci sono migrazioni **"interne"**, quando gli spostamenti avvengono all'interno dei confini nazionali, e migrazioni "**internazionali**" se questi vengono superati.

Assumendo il parametro spaziale, si può fare un'ulteriore classificazione in base all'origine degli immigrati; in questo senso, si distingue tra **immigrati dell'UE** (se provengono da uno degli Stati membri dell'Unione europea) e immigrati **extracomunitari**, se provengono da un paese terzo. Tuttavia, mentre la prima categoria si riferisce ai cittadini di uno Stato membro dell'Unione che, in virtù delle disposizioni dei Trattati comunitari relativi alla libera circolazione delle persone, si spostano da uno Stato all'altro (anche beneficiando dello status di cittadinanza europea), con l'espressione "immigrati extracomunitari" si intende riferirsi a persone, cittadini di Paesi terzi dell'Unione, che si trovano nel territorio dell'UE per svolgere una specifica attività lavorativa. Ed è proprio in questi ultimi, così come in chi si sposta per altri motivi (per studio, ricongiungimento familiare, ecc.), che si concentra questo libro, vista la posizione di debolezza in cui si trovano e per la loro diversità (linguistica, culturale e religiosa) rispetto alla società ospitante. Inoltre, non va dimenticato che i flussi migratori maggiori provengono proprio dai Paesi cosiddetti del "terzo mondo" e, quindi, da coloro che lasciano il proprio Paese di origine per perseguire un obiettivo fondamentale: migliorare le proprie condizioni di vita.

2. I fattori di espulsione e di attrazione

Prima di affrontare l'analisi più strettamente giuridica del fenomeno migratorio e della situazione generale degli immigrati extracomunitari, è necessaria una maggiore considerazione sulle cause e gli effetti della migrazione, cioè ciò che la letteratura specializzata identifica come " **fattori di espulsione e attrazione**".

Le cause della migrazione sono costituiti dal set di *fattori* di **espulsione** (un insieme complesso di situazioni demografiche, economiche, sociali, politiche e culturali strettamente interconnesse) per territorio e quelli di **attrazione** (ad esempio migliori condizioni di vita, opportunità di lavoro e domanda di lavoro, possibilità di esercitare i diritti civili) verso un altro. I fattori di espulsione, in un dato territorio, non possono essere sempre legati a fattori speculari nella zona di sbarco (la disoccupazione che caratterizza il Paese di origine non sempre corrisponde a una domanda di lavoro nel Paese di arrivo). Ci sono casi in cui ci sono solo *"fattori di espulsione"* o solo *"fattori di attrazione"*, come nell'ipotesi di un perseguitato che, per sopravvivere, fugge dal suo Paese senza considerare minimamente i fattori di attrazione della sua destinazione finale (assumendo che può decidere *a priori* quale sia la sua destinazione finale).

Da un punto di vista **demografico**, l'immigrazione produce un effetto d'invecchiamento della popolazione in uscita e un effetto di ringiovanimento della popolazione di arrivo, poiché chi si trasferisce è solitamente molto giovane (si pensi, da questo punto di vista, come un enorme fattore di ricchezza la presenza d'immigrati in un Paese a natalità zero come l'Italia).

Per inquadrare e comprendere meglio le caratteristiche dell'immigrazione straniera in Italia e il ritardo con cui il legislatore italiano ha tentato di regolare questo fenomeno, è necessario ricostruire sinteticamente la storia delle migrazioni internazionali nell'Europa del dopoguerra.

In questo contesto si possono distinguere quattro fasi:

1 - la prima, iniziata subito dopo la guerra e si è conclusa nella seconda metà del 1960, è quella di **strutturale di ricostruzione** e **di espansione**. Le migrazioni internazionali rispondono a una reale domanda di lavoro nei paesi dell'Europa

centrale e settentrionale (Francia, Svizzera, Belgio e Germania) e provengono principalmente da aree meno sviluppate. L'Italia partecipa a questi processi quasi esclusivamente come Paese di emigrazione, sebbene al suo interno vi siano forti migrazioni dalle regioni meridionali verso le grandi città industriali del Nord;

2 - la seconda fase, iniziata dopo la metà degli anni '60 e terminata all'inizio degli anni '80, può essere definita come la **crisi strutturale** e la nuova divisione internazionale del lavoro. In questo periodo, nei paesi tradizionalmente importatori di manodopera, le migrazioni internazionali subirono gli effetti della crisi economica che iniziò a manifestarsi nel 1967 e, dal 1973-74, generarono le cosiddette politiche degli stop, volte a bloccare l'immigrazione per motivi di lavoro. In realtà, le migrazioni non si fermano, ma si limitano a diventare per lo più illegali e interessano paesi precedentemente poco colpiti dal fenomeno, come Italia, Spagna e Portogallo, che prima diventano paesi di transito, attraverso i quali cercano raggiungere il nord e il centro dell'Europa, destinazioni dirette dell'immigrazione. Inoltre, in questa fase, si verifica una progressiva sostituzione dei flussi provenienti dal sud Europa con quelli provenienti dai paesi extraeuropei. L'Italia, in particolare, divenne approdo di numerosi esuli, profughi e rifugiati politici: all'inizio degli anni '70 cileni, argentini e uruguaiani si unirono ai brasiliani già presenti nel decennio precedente. A questi, nella seconda metà degli anni '70, si aggiunsero eritrei, vietnamiti, iraniani, curdi e somali;

3 - la terza fase, che può essere definita come **crisi globale** dei paesi sottosviluppati e **ripresa** delle economie capitaliste, è iniziata nei primi anni ottanta. In questo periodo le migrazioni internazionali, già note, si espandono ancora di più ma sono sempre meno motivate dall'offerta di lavoro nei Paesi di arrivo e dipendono sempre più dalle forze di espulsione presenti nei Paesi in esodo. Cominciano a manifestarsi gli effetti dell'esplosione demografica, del disastro politico, sociale ed economico che colpisce i Paesi più poveri e dell'Europa orientale. La migrazione cessa di essere un fenomeno esclusivamente economico per diventare un problema sociale, e quindi anche politico. La contestualità tra questi fenomeni e il progressivo processo di unificazione europea, porta alla ribalta, nei primi anni '90, il problema

dell'omogeneità delle politiche migratorie dei diversi Paesi della Comunità Europea e la necessità di trasferire i controlli all'ingresso dalle frontiere ai confini esterni dell'Europa.

4 - la fase attuale, invece, sembra essere caratterizzata dal contesto di una profonda crisi economica a livello quasi planetario. Ciò ha inevitabilmente portato a una diminuzione molto significativa della domanda di lavoro e a un aumento significativo dei tassi di disoccupazione. D'altronde, però, ci sono ancora forti cause che spingono centinaia e centinaia di persone (uomini, donne ma anche tanti minori non accompagnati) a cercare di sbarcare (legalmente e illegalmente) nei Paesi europei e in Italia.

Ma, è giusto dirlo, l'Italia non è diventata terra d'immigrazione solo per pressioni esogene. In altre parole, l'immigrazione in Italia non è stata una battuta d'arresto o una conseguenza delle politiche migratorie di altri Stati europei. In effetti, era iniziato come conseguenza della crescita economica, del boom degli anni Cinquanta e Sessanta e delle grandi trasformazioni sociali e lavorative italiane. L'aumento del reddito pro capite (oltre che dell'istruzione e della speranza di vita) ha portato alla comparsa dei cosiddetti "lavori rifiutati" da parte degli italiani. Si è osservato, infatti, come le trasformazioni socioeconomiche in Italia abbiano determinato (e continuano a determinare oggi) una domanda di manodopera a basso costo, con un alto livello di ricatto e un'elevata flessibilità, non sempre disponibile sul campo nazionale.

Un'indagine condotta nel 2001 mostra che gli immigrati nel nostro Paese trovano lavoro in aziende molto più piccole di quelle che impiegano italiani e, soprattutto, nell'85% dei casi svolgono mansioni lavorative assimilabili a quelli di un operaio. I lavori svolti da immigrati extracomunitari sono stati definiti, infatti, i lavori delle cinque "P": pesanti, pericolosi, precari, mal pagati, socialmente penalizzati.

Ci sono una serie di fattori che sono all'origine della domanda di lavoratori immigrati. Questa domanda è rimasta a lungo implicita, non istituzionale e non riconosciuta, ma ciò non significa che non sia stata incisiva nel ridisegnare il panorama del mercato del lavoro italiano in modo tale che l'immigrazione sia diventata, negli ultimi vent'anni, un una componente essenziale per il funzionamento di tutta una serie di settori e attività economiche. Si consideri, ad esempio, la presenza generalizzata di piccole e medie imprese operanti nei settori dell'industria leggera (tessile, abbigliamento, calzature, pelletteria), dell'edilizia, del turismo e alberghiero, della raccolta dei prodotti agricoli, del settore dei servizi cittadini (pulizie, ristorazione, manutenzioni), ai lavori di assistenza svolti principalmente da donne immigrate e che integrano le risorse in diminuzione di quel "benessere invisibile" che rappresenta il lavoro non riconosciuto e non retribuito che è sempre stato svolto dalle donne. A completare il quadro, il profondo squilibrio territoriale che, nel nostro Paese, unisce regioni con tassi di disoccupazione tra i più alti dell'Unione Europea e regioni o aree territoriali con situazioni di quasi piena occupazione e con il problema opposto della carenza di lavoratori per una varietà di compiti. Mentre in passato i deficit di forza lavoro registrati nelle regioni sviluppate del Nord venivano compensati principalmente attraverso la migrazione interna, soprattutto dalle regioni del Sud, oggi vari fattori (aumento del livello d'istruzione, rigidità del mercato abitativo, redistribuzione del reddito), insieme ad altri fattori più specifici (opportunità di lavoro nel mondo sotterraneo, accesso all'assistenza pubblica) hanno ridotto lo spostamento interno della manodopera, soprattutto quando si tratta di occupare lavori manuali o assimilati: salari bassi rispetto il costo della vita, la scarsità di prospettive di carriera, le perdite in termini di rapporti sociali e qualità della vita, rendono questa scelta spesso poco appetibile.

3. Il fenomeno migratorio in Europa e il diritto internazionale dei diritti umani

Anche a seguito degli sconvolgimenti politici prodotti dalla caduta del regime sovietico, l'Europa occidentale ha visto il fenomeno migratorio cambiare in qualità e quantità in un periodo di tempo abbastanza breve[7]. Al già consistente flusso migratorio dai Paesi meno sviluppati del Mediterraneo e dell'Africa si sono aggiunti nuovi flussi dall'oriente, aggravati dalle tensioni etniche e dall'instabilità politica dei nuovi sistemi statali, impegnati nella difficile costruzione di nuove strutture democratiche. Pensate per tutti voi al terribile conflitto jugoslavo che ha avuto luogo proprio alle porte della vecchia Europa.

Più recentemente, la progressiva chiusura delle frontiere esterne da parte degli Stati d'immigrazione tradizionalmente definiti (Francia, Germania, Inghilterra, Olanda), principalmente a causa di una crisi economica che ha colpito la grande industria, ha portato i flussi migratori verso Paesi come l'Italia (ma anche Spagna, Grecia e Portogallo), che per la loro scarsa familiarità nell'affrontare problemi di questo tipo, non hanno sviluppato immediatamente una politica legislativa coerente in materia d'immigrazione.

Gli Stati europei, nonostante le diverse condizioni economiche, sociali e culturali, hanno incontrato problemi abbastanza simili. In questa prospettiva, in primo luogo hanno promosso un intervento comune per regolamentare l'ingresso dei cittadini extracomunitari nei rispettivi territori e, in secondo luogo, hanno progressivamente liberalizzato la circolazione in tutti gli Stati dell'Unione Europea di coloro che risiedono abitualmente in uno dei Stati membri dell'Unione. A tal fine è stato firmato il **Trattato di Schengen** , ratificato dall'Italia con Legge n. 388, che prevedeva l'entrata in vigore di un visto "uniforme" della durata massima di tre mesi e valido per circolare su tutto il territorio delle parti contraenti.

La questione dell'immigrazione è stata quindi parzialmente **denazionalizzata,** nel senso che gli Stati membri dell'Unione Europea hanno progressivamente ritenuto opportuno armonizzare le diverse legislazioni nazionali in materia.

Armonizzazione ora imposta a seguito della "comunitarizzazione" attuata dal Trattato di Amsterdam, che ha introdotto nel Trattato CE (nel nuovo Titolo IV) una disciplina fino a quel momento delegata esclusivamente alla competenza degli Stati e alla cooperazione intergovernativa: **visti**, **asilo**, **immigrazione** e altre politiche relative alla libera circolazione delle persone, che, come vedremo meglio più avanti, sono diventate una questione di competenza comunitaria.

Infatti, l'articolo 2 del Trattato sull'Unione Europea definisce gli obiettivi dell'Unione, compreso quello di "preservare e sviluppare l'Unione come spazio di libertà, sicurezza e giustizia in cui è garantita la libera circolazione delle persone insieme a misure adeguate rispetto le frontiere, gli affari esteri, l'asilo, l'immigrazione, la prevenzione criminalità e lotta alla criminalità". Da queste poche indicazioni si evince come la legislazione comunitaria e quella dei diversi Stati europei, nel disciplinare lo status di straniero, preveda ampie eccezioni ai principi invece ritenuti obbligatori e fondamentali per il cittadino della comunità, delineando un sistema che alcuni hanno significativamente definito **"Fortezza Europa"** per indicare un'Europa sempre più arroccata e impermeabile all'ingresso di cittadini dei paesi poveri.

L'aspetto su cui ora dovremo soffermarci si riferisce al complesso problema del riconoscimento e della tutela dei diritti e delle libertà fondamentali (anche) degli immigrati extracomunitari. Questo riconoscimento deve tener conto del presupposto che, accanto alla cultura nazionale di cui ogni Stato europeo è portatore, ci sono culture diverse, non necessariamente corrispondenti a quelle prevalenti nella società ospitante. Da quest'ultimo punto di vista i problemi maggiori sorgono con riferimento agli immigrati di religione islamica, ma non solo.

La salvaguardia di queste culture, ma soprattutto dei diritti inalienabili della persona umana, cittadina o straniera, non deriva solo dal livello di "tolleranza" che si riscontra negli Stati ospitanti ma, soprattutto, dagli **obblighi specifici** che hanno assunto a livello internazionale e sovranazionale.

Tra i fenomeni legali a livello internazionale sviluppatisi nel secondo dopoguerra, il più importante, almeno per i nostri scopi, si riferisce allo sviluppo e al consolidamento del cosiddetto **"diritto internazionale dei diritti umani"**.

Prima di chiarire cosa si intende per "diritto internazionale dei diritti umani" e in che misura incide sulla condizione giuridica dello straniero, bisogna fare una breve digressione sul diritto internazionale, le sue fonti e le modalità di applicazione nell'ordinamento costituzionale italiano. Ciò è assolutamente necessario ai sensi dell'art. **10, comma 2** della nostra Costituzione **"lo status giuridico dello straniero è regolato dalla legge in conformità alle norme e ai trattati internazionali"**.

1. Cenni di diritto internazionale

Al vertice della gerarchia delle fonti del diritto internazionale ci sono le cosiddette **consuetudini internazionali**, ovvero norme generali (non scritte) che vincolano **tutti gli** Stati della comunità internazionale (anche quelli che non hanno partecipato direttamente alla loro formazione).

Una definizione di costume si trova nell'art. 38.1 lett. *b* dello Statuto della Corte Internazionale di Giustizia (organo giudiziario delle Nazioni Unite), che riconosce tra le fonti del diritto "la consuetudine internazionale come prova di una pratica generale accettata come legge".

Questa definizione permette di evidenziare i due elementi costitutivi della consuetudine: da un lato l'**elemento oggettivo** o **materiale,** che consiste nel comportamento costante e uniforme degli Stati (*diurno* o prassi), dall'altro **l'**elemento **soggettivo** o **psicologico**, cioè la convinzione dell'obbligo legale della condotta stessa o, in altre parole, che tale pratica corrisponda alla legge o che sia dettata da esigenze sociali (*opinio iuris sive necessitatis*).

Successivamente troviamo l'**accordo**, che è la fonte del diritto internazionale per un particolare patto o carattere che può assumere indiscriminatamente la forma di un trattato, una convenzione, un patto, ecc. Si tratta di un documento scritto (o più documenti collegati tra loro) che rappresenta l'incontro dei desideri di due o più soggetti di diritto internazionale (nel primo caso si parlerà di trattati bilaterali, nel secondo di trattati multilaterali), ciascuno dei quali si impegna a rispettare, per tutti gli altri, le regole che disciplinano quella particolare materia del trattato. A differenza delle consuetudini internazionali, i trattati sono vincolanti **solo per gli** Stati contraenti, cioè quegli Stati che hanno deciso di firmare il testo dell'accordo[8].

Al momento della ratifica, ogni Stato contraente può decidere di formulare **riserve**, cioè può dichiarare, mediante atto unilaterale, di escludere l'applicazione a se stesso di alcune clausole del trattato (le cosiddette riserve **eccezionali**) o di modificare l'effetto giuridico di determinate disposizioni del trattato (le cosiddette riserve **interpretative**). Attualmente la disciplina delle riserve è prevista dall'art. 19 della Convenzione di Vienna sul diritto dei trattati del 1969[9], che stabilisce che "uno Stato, al momento della firma, ratifica, accettazione, approvazione di un trattato o adesione a esso, può formulare una riserva, a meno che:

a) la riserva non è vietata dal trattato;

b) il trattato prevede che possano essere formulate solo alcune riserve, che non includono quella in questione;

c) la riserva non è compatibile con l'oggetto e lo scopo del trattato.

Dopo aver brevemente illustrato le caratteristiche essenziali delle principali fonti del diritto internazionale, è necessario chiedersi come gli Stati attuano le norme internazionali (sia **consuetudinarie** che **convenzionali**).

In altre parole, quali sono i mezzi e le procedure con cui il diritto internazionale viene introdotto nel sistema statale?

Qui ci limiteremo ad analizzare la procedura di adattamento **automatico**, in quanto rappresenta il modo in cui l'ordinamento giuridico italiano si adegua al diritto internazionale consuetudinario. L'articolo 10.1 della Costituzione italiana, infatti, stabilisce che "l'ordinamento giuridico italiano è **conforme** alle norme di diritto internazionale generalmente riconosciute". Ne consegue che le norme internazionali generali avranno validità legale nello Stato italiano fintanto che saranno in vigore nell'ordinamento giuridico internazionale.

A questo proposito, si pone la questione del rango che queste norme internazionali assumeranno nel sistema delle fonti del diritto interno. Si può presumere che, dall'adeguamento previsto dalla Costituzione, abbiano il rango di norme costituzionali e, quindi, siano a un livello superiore alla common law. Ne consegue che una common law contraria al diritto internazionale consuetudinario sarà considerata costituzionalmente illegittima, contrariamente all'art. 10 della Costituzione.

Cosa succede in caso di possibile conflitto tra norme costituzionali e norme internazionali generali? Trattandosi di regole di pari rango, quale delle due prevarrà? In generale, si considera che il diritto consuetudinario prevale sulle disposizioni costituzionali in virtù del principio di specialità. Tuttavia, questa prevalenza incontra un limite, vale a dire il rispetto dei valori fondamentali che ispirano la nostra Costituzione. In altre parole, la norma internazionale generale prevale sulla norma costituzionale fintanto che non viola quei principi dell'ordinamento italiano che l'Assemblea Costituente ha voluto considerare assolutamente essenziali e immutabili (tra questi, il rispetto dei diritti fondamentali e delle libertà di cittadinanza). la persona umana).

2. Il diritto internazionale dei diritti umani

La tutela dei diritti umani, tradizionalmente garantita dai singoli ordinamenti nazionali in quanto appartenenti a materie di esclusiva competenza dello Stato (ovviamente molto lontane dagli obblighi internazionali), ha assunto negli anni un ruolo sempre più importante relazioni tra Stati membri. alla comunità internazionale.

Il diritto internazionale si è configurato da tempo essenzialmente come un diritto interstatale, che si compone di norme destinate a regolamentare principalmente, se non esclusivamente, i rapporti di convivenza tra Stati. L'individuo, era considerato una "appartenenza" dello Stato e i popoli erano oggetto del dominio dei diversi sovrani. L'unico modo in cui gli individui potevano fermare una violazione dei loro diritti e libertà in uno stato straniero era affidarsi alla cosiddetta "**protezione diplomatica**". È stata un'istituzione fondata sulla volontà assoluta e autonoma degli Stati di decidere se garantire o meno la difesa, a livello internazionale, dei propri cittadini, vittime di pregiudizi in territorio straniero. Nel quadro tradizionale del diritto internazionale, l'individuo godeva quindi di una protezione dei suoi diritti come risultato della volontà dello Stato individuale.

Come sottolinea uno dei più importanti studiosi di questi fenomeni, Antonio Cassese, "il percorso che ha portato alla comparsa di persone e popoli sulla scena internazionale è stato lungo e complesso. Non è stato, in realtà, un avanzamento progressivo e costante nel tempo, ma un percorso discontinuo, che ha conosciuto ingorghi, inciampi e momenti di accelerazione".

Il 6 gennaio 1941, quindi, nel pieno della guerra più sanguinosa della storia dell'umanità, il presidente degli Stati Uniti Roosevelt, in un messaggio al Congresso in cui delineava la nuova società mondiale che sarebbe dovuta emergere alla fine della guerra, ha sottolineato il rispetto come punto fermo per tutti nel mondo di quattro libertà: quella di espressione e di pensiero, quella di religione, la libertà dalla necessità e la libertà dalla paura. Questo messaggio è, in qualche modo, una sintesi del concetto che stava prendendo piede in quel periodo: per evitare il ripetersi della tragedia causata dal nazismo, era necessario prendere piena e assoluta consapevolezza dell'importanza della pace e dei diritti umani. Questo binomio è diventato l'obiettivo di tutti gli Stati e della comunità internazionale nel suo insieme.

Pertanto, è soprattutto nel periodo successivo alla seconda guerra mondiale che gli sforzi per proteggere la dignità umana hanno visto una significativa moltiplicazione. La svolta "rivoluzionaria" consiste nel fatto che gli individui, a livello internazionale, non sono più considerati esclusivamente come membri di un gruppo, minoranza o altre categorie, ma diventano oggetto di protezione in quanto individui. La nuova forma di norme internazionali per la tutela dei diritti umani è quindi caratterizzata dalla possibilità di regolare i rapporti interindividuali, cioè interni ai singoli enti statali. Materie tradizionalmente considerate di esclusiva competenza degli Stati, diventano ora oggetto di diritto internazionale anche in risposta al crescente internazionalismo che interessa le relazioni economiche, sociali e culturali. In particolare, si è sentita la necessità di porre limiti e incidere sulla libertà dello Stato nell'area di suo dominio riservato, soprattutto in riferimento al rispetto dei diritti umani.

È in questa prospettiva che è nato il complesso meccanismo di protezione internazionale dei diritti umani, con l'obiettivo di garantire una protezione generalizzata per **tutte le** persone presenti nel territorio nazionale. (concetto **di universalità** dei diritti).

Una data, il **1945** , può essere considerata essenziale per avviare questo processo. Infatti, dopo la Seconda Grande Guerra Mondiale, gli Stati coinvolti iniziarono a credere che la stabilità del nuovo ordine mondiale dovesse basarsi sull'impegno per la tutela della persona umana e delle sue libertà fondamentali. Le aberrazioni del nazismo avevano reso gli Stati consapevoli della necessità di rispettare e proteggere principi quali la dignità umana e la libertà-autonomia dell'individuo. Il 1945, quindi, rappresenta il punto di partenza delle attività internazionali per la tutela dei diritti umani che hanno portato alla creazione di un sistema normativo in grado di obbligare gli Stati al rispetto di tali diritti.

L'atto che segna una svolta epocale nei diritti umani è **lo Statuto delle Nazioni Unite**[10], con la solenne affermazione di quei diritti che il nazismo e la seconda guerra mondiale avevano tragicamente violato. L'articolo 1 della Carta indica, come finalità delle Nazioni Unite, il mantenimento della pace e della sicurezza internazionale, la decolonizzazione nella sfera economica e politica, nonché la protezione dei diritti umani ("promuovere e incoraggiare il rispetto dei diritti umani senza distinzione di razza, sesso, lingua e religione").

Le Nazioni Unite adottarono, in particolare, nel 1948, la **Dichiarazione universale dei diritti dell'uomo (Dudu).** È una Dichiarazione di Principi adottata dall'Assemblea Generale delle Nazioni Unite che formalmente non ha valore vincolante ma che è diventata la principale fonte di riferimento per i successivi atti internazionali, compreso il *Patto internazionale sui diritti civili e politici* e il *Patto sui diritti economici, sociali e culturali*, entrambi firmati a New York il 16 dicembre 1966[11].

Il **Dudu,** in particolare, poggia su quattro pilastri:

- i diritti della persona (diritto all'uguaglianza, alla vita, alla libertà);

- i diritti dell'individuo nei rapporti con i gruppi sociali a cui partecipa (diritto alla privacy, matrimonio, proprietà);

- diritti politici (inclusa la libertà di pensiero e di riunione);

- i diritti esercitati in ambito economico e sociale (diritto al lavoro, a un giusto salario).

Inoltre, non dobbiamo dimenticare le iniziative nel contesto regionale: la **Convenzione europea per la salvaguardia dei diritti dell'uomo e delle libertà fondamentali** (1950)[12], la Convenzione americana sui diritti dell'uomo (1969), la Carta africana dei diritti dell'uomo e dei popoli (1981) e la Carta araba dei diritti dell'uomo (1994).

Le disposizioni contenute nei citati strumenti internazionali e regionali volti a garantire la tutela dei diritti umani hanno caratteristiche particolari rispetto ad altri trattati internazionali.

In primo luogo, sono caratterizzati da un carattere **oggettivo**, poiché il riconoscimento dei diritti umani previsto da questi strumenti non è, in linea di principio, condizionato dal cosiddetto **principio di reciprocità.** Sulla base di questo principio, uno Stato si impegna a mantenere una certa condotta obbligatoria (nei confronti di enti o cittadini stranieri) a condizione che gli altri Stati, vincolati dallo stesso trattato internazionale, facciano altrettanto con essa (cioè i suoi organi o i suoi cittadini). Nel caso di trattati che tutelano i diritti umani, il principio di reciprocità perde importanza perché il valore da tutelare non è tanto l'interesse dello Stato a far sì che gli altri Stati rispettino le disposizioni del trattato, ma piuttosto la protezione dell'individuo e dei suoi Diritti fondamentali. Se l'obiettivo perseguito è quello di garantire la realizzazione dei diritti umani, nessuno Stato può giustificare, in caso di violazione di un diritto fondamentale, il fatto che un altro Stato si comporti nello stesso modo, cioè in un modo che non protegge i diritti dei suoi cittadini. Strettamente connesso a quest'ultimo aspetto è il carattere di **universalità** attribuito alle norme sui diritti umani. Questi ultimi riconoscono alle persone, indipendentemente dalla loro nazionalità, una serie di diritti fondamentali. In altre parole, ogni Stato che aderisce a un trattato sui diritti umani si limita al trattamento che offre ai suoi cittadini (e ai residenti nel suo territorio), e deve garantire questi diritti a livello universale.

Per "**sistema internazionale per la protezione dei diritti umani**" possiamo quindi riferirci all'insieme di convenzioni, procedure, meccanismi e organi di controllo creati dalla comunità internazionale per promuovere e proteggere i diritti umani fondamentali.

Tenendo conto degli strumenti sopra citati, è possibile individuare un **nucleo comune** di diritti fondamentali riconosciuti a **tutti** gli esseri umani indipendentemente dalla nazionalità o dallo *status* giuridico di cittadino, straniero o apolide:

- il diritto alla vita;

- il diritto alla libertà personale e alla sicurezza (divieto di arresto o detenzione arbitraria), il divieto di genocidio, schiavitù, lavoro forzato, tortura e trattamenti inumani e degradanti[13];

- il diritto al rispetto della vita privata e familiare, della casa e della corrispondenza; il diritto a non essere arbitrariamente privati dei propri beni (posseduti individualmente o in associazione con altri);

- il diritto di lasciare un Paese e ritornare nel Paese di origine, libertà di pensiero, coscienza e religione, libertà di espressione, diritto al riconoscimento della personalità giuridica.

Insieme a questi **diritti sostanziali**, a ogni essere umano sono ugualmente riconosciuti **diritti procedurali** fondamentali **e garanzie**, come l'uguaglianza davanti alla legge, il diritto all'effettiva possibilità di ricorrere a un processo equo, rapido e pubblico davanti a un'autorità indipendente e imparziale, diritto di difesa, diritto al rispetto dei noti principi dei *crimini nullum* e *nulla poena sine lege*.

I diritti civili, compresi quelli di altri, sono definitivamente riconosciuti come diritti essenziali o fondamentali della persona umana, a cui si rinuncia esclusivamente in virtù d'interessi particolari, quali **la sicurezza interna**, l'

ordine, la **salute** e la **moralità della cittadini**, salvaguardando e rispettando i diritti degli altri.

Quanto ai **diritti politici** *stricto sensu*, il loro godimento, come vedremo, rappresenta il fulcro della qualità di cittadino. A ogni individuo, infatti, è riconosciuto il diritto di partecipare al governo del proprio Paese, di accedere, a parità di condizioni, al pubblico impiego, di essere eletto o di votare in libere elezioni (art. 21 DU; art. 25 dell'ICCPR). Tuttavia, lo Stato è certamente libero, sulla base del diritto internazionale generale e convenzionale, di escludere gli stranieri dal godimento dei diritti politici o dei diritti pubblici funzionali, poiché implicano la partecipazione all'organizzazione politica e amministrativa.

Per quanto riguarda, infine, **i diritti economici, sociali e culturali**, va notato che, anche a fronte di un incisivo movimento convenzionale a favore della loro affermazione, non si può sostenere che siano generalmente riconosciuti. Lo Stato può, infatti, provvedere nel modo che ritiene più adeguato alle esigenze del commercio e della cooperazione internazionale.

Si può dire, brevemente, che le categorie di diritti contemplate dagli strumenti internazionali sono diverse.

Ad esempio, viene fatta una distinzione tra diritti di **prima generazione** (diritti civili e politici), **seconda generazione** (economici e sociali) e **terza generazione** (diritto alla pace e allo sviluppo). In base all'obbligo dello Stato di *fare* o *non fare*, si distingue tra:

- **diritti civili** (come il diritto alla libertà di espressione di pensiero, libertà di coscienza e religione) che postulano un'astensione dello Stato nei confronti dell'individuo;

- **diritti politici** che consentono al singolo di partecipare alla "gestione" dello Stato, alla sua amministrazione, all'esercizio delle funzioni pubbliche che gli sono proprie - e che, per essere garantiti, richiedono una struttura istituzionale e, quindi, un intervento dello Stato che, però, è diverso da quello richiesto per i diritti economici, sociali e culturali (come il diritto all'istruzione, al lavoro, a un ambiente sano, all'assistenza sanitaria) dove la struttura socioeconomica dello Stato deve essere particolarmente sviluppato.

I due **Patti del 1966** (in vigore dal 1976), rispettivamente sui "diritti civili e politici" e sui "diritti sociali, economici e culturali", mirano a individuare una soglia minima per la tutela di tali diritti. La scelta di preparare i due testi è stata essenzialmente di natura politica. Durante la fase di elaborazione, infatti, è emersa per gli Stati una maggiore difficoltà ad ammettere i limiti dell'immediata osservanza in materia economica, sociale e culturale rispetto ai diritti civili e politici; i primi, infatti, non possono essere immediatamente applicabili ed esigibili perché richiedono un intervento attivo dello Stato (che si concretizza nei cosiddetti diritti **sociali** o libertà positive), mentre per i secondi l'intervento dello Stato si limita a garantire uno spazio di libertà e autonomia delle persone (obbligo di non ingerenza dello Stato).

Tra gli 80 (e più) dei diritti riconosciuti nel Dudu, gli stranieri all'estero **non** sono legittimati a esercitare **diritti politici** di partecipazione alla cosa pubblica, nell'accesso la funzione pubblica o nell'esercizio di professioni speciali.

Se non c'è dubbio che molto è stato fatto fino a oggi per costruire una rete internazionale per la tutela dei diritti umani, lo stesso non si può dire per i meccanismi di garanzia istituiti a livello universale. Quanti lavorano nel campo dei diritti umani[14] incontrano quotidianamente un'antinomia fondamentale: sono proprio gli Stati, cioè i principali violatori di questi diritti, gli enti a cui rivolgersi per ottenere il loro rispetto. Il modo migliore per garantire il rispetto dei diritti umani sarebbe fornire garanzie giudiziarie internazionali, ma in questo settore la resistenza degli Stati a una giurisdizione internazionale vera e adeguata è molto forte. I meccanismi soft del controllo internazionale, quindi, si presentano come una soluzione di compromesso tra le opposte esigenze di rispetto della sovranità degli Stati e di garantire, in qualche modo, l'osservanza delle norme internazionali sulla dignità della persona umana.

L'osservanza delle disposizioni contenute nei diversi testi è generalmente affidata a "**comitati**", composti da esperti che vi siedono individualmente (cioè non rappresentano alcuno Stato) e che portano il nome della Convenzione che la istituisce. In generale, il comitato vigila sul rispetto dei diritti convenzionalmente garantiti attraverso tre procedure: esame delle relazioni periodiche inviate dagli Stati contraenti; l'esame di presunte violazioni dei diritti da parte di uno Stato contraente su iniziativa di un altro Stato contraente; esame di presunte violazioni dei diritti da parte di uno Stato contraente su richiesta d'individui o gruppi d'individui.

In generale, i meccanismi di controllo stabiliti dai trattati internazionali sui diritti umani non sono molto efficaci, e questo è il principale fallimento del sistema internazionale dei diritti umani e, al suo interno, dei diritti dei migranti: c'è un'incapacità / impossibilità efficace di fare rispettare, attraverso risorse giurisdizionali, i diritti proclamati. Come ha già affermato N. Bobbio, infatti, "per quanto riguarda la protezione internazionale dei diritti umani siamo oggi in una fase in cui dove sarebbe possibile potrebbe non essere del tutto necessario e dove sarebbe necessario è meno possibile".

Non possiamo sollevare il problema dei "diritti umani estraendolo dai due grandi problemi del nostro tempo, che sono i problemi della guerra e della miseria, l'assurdo contrasto tra l'eccesso di potere che ha creato le condizioni per una guerra di sterminio e l'eccesso di potere che condanna alla fame grandi masse. A chiunque intenda fare un esame senza scrupoli dello sviluppo dei diritti umani dopo la seconda guerra mondiale, consiglierei questo sano esercizio: leggere la Dichiarazione Universale e poi guardarsi intorno; sarà costretto a riconoscere che, nonostante i progressi, le formulazioni audaci di avvocati, gli sforzi di buona volontà politica, hanno ancora una lunga strada da fare. E si sembrerà che la storia della l'umanità, per quanto millenaria, rispetto agli enormi compiti che ci spettano, potrebbe essere appena iniziata.

D'altra parte, **la Convenzione europea per la salvaguardia dei diritti dell'uomo e delle libertà fondamentali** (CEDU, firmata il 4 novembre 1950 ed entrata in vigore nel 1954) merita un dibattito a parte, poiché è probabilmente la forma più avanzata di Sistema internazionale dei diritti umani. La CEDU, promossa dal Consiglio d'Europa[15], a differenza del Dudu, è un atto che implica obblighi tra gli Stati che lo hanno firmato e ratificato. Aderendovi, lo Stato si **impegna** a rispettare i diritti umani elencati nella prima parte della Convenzione nei confronti di coloro che sono soggetti alla sua giurisdizione. Da qui la presenza nella CEDU di due novità assolute che l'hanno resa "**uno strumento costituzionale dell'ordine pubblico europeo**". Il primo è l'obbligo internazionale dello Stato di *comportarsi in conformità con l'* obbligo assunto: sebbene il riconoscimento convenzionale dei diritti umani continui a dipendere dalla volontà dei singoli Stati, liberi di ratificare o meno la Convenzione (o di ritirarsi da essa), lo Stato che l'ha accettata ha l'obbligo di rispettare le norme che gli sono dettate, senza avere la possibilità di formulare riserve *lungo il percorso.* La seconda novità assoluta consiste nella previsione di un **meccanismo di monitoraggio** della condotta dello Stato in caso di denuncia di violazioni della Convenzione. In altre parole, la cosa più importante della Convenzione è che **assicura** la garanzia dei diritti concedendo alle persone, una volta esaurite le vie di ricorso interne, la legittimità procedurale per far valere la violazione di un diritto dinanzi alla Corte europea dei diritti dell'uomo.

Il diritto processuale o il diritto di azione corrisponde quindi al diritto sostanziale, capace di affermarlo in modo autonomo e diretto, assicurando così quella piena **giustizia** del diritto stesso, assente in altri strumenti internazionali. La Corte europea dei diritti dell'uomo, con sede a Strasburgo, è quindi un organo giudiziario, con ampi poteri di conoscere i fatti e interpretare la legge applicabile, nonché di emettere decisioni giudiziarie (legalmente vincolanti). Certamente, la novità più importante del sistema CEDU è che la valutazione della Corte può essere attivata dalle vittime di presunte violazioni della Convenzione, cioè da quelle direttamente colpite contro uno Stato o addirittura contro il proprio Stato. Ancora più importante, almeno per i nostri scopi, è che la protezione fornita dalla CEDU non è concessa solo ai cittadini dei vari Stati che hanno ratificato la Convenzione, ma a tutte le persone i cui diritti sono calpestati da uno di questi Stati.

3. Il diritto internazionale dei diritti umani in materia di stranieri e di lavoratori migranti

Nell'ambito della normativa internazionale per la tutela dei diritti umani, meritano un'attenzione particolare alcuni strumenti espressamente rivolti a una particolare categoria di stranieri, **i lavoratori migranti.**

L'Organizzazione Internazionale del Lavoro (ILO)[16] ha cercato, negli anni, di adottare strumenti a tutela dei lavoratori migranti sulla base di due obiettivi: cercare di regolare gli aspetti più delicati del flusso migratorio e introdurre strumenti a tutela dei lavoratori migranti. Per raggiungere questi importanti obiettivi, gli strumenti adottati dall'ILO si sono basati sulle seguenti "idee":

- possibilità di organizzare, attraverso accordi con i Paesi di origine, flussi migratori per favorire l'incontro tra domanda e offerta di lavoro;

- consapevolezza che le opzioni di migrazione (come consentire o meno l'ingresso) devono essere basate su una decisione "razionale" che coinvolga sia le condizioni di vita e di lavoro dei Paesi di origine che la conoscenza del mercato del lavoro nei Paesi di destino;

- l'idea che la protezione dei lavoratori migranti sia strettamente collegata alla protezione della forza lavoro nazionale.

Tra i primi strumenti adottati ricordiamo la **Convenzione sulla migrazione per motivi di lavoro n. 97** del 1949 (e Raccomandazione n. 86 del 1949) e la **Convenzione sui lavoratori migranti n. 143** del 1975 (e Raccomandazione n. 151 del 1975).

Entrambi gli strumenti perseguono obiettivi comuni, vale a dire, promuovere un trattamento per i migranti **non meno favorevole** di quello riservato ai lavoratori nazionali in termini di occupazione, professione, sicurezza sociale e diritti sindacali; sopprimere la migrazione illegale e l'occupazione irregolare dei lavoratori migranti.

In particolare, ai sensi della **Convenzione n. 97** (adottato nel 1949 ed entrato in vigore il 22 gennaio 1952) ciascuno Stato si impegna ad adottare misure volte a garantire un'adeguata informazione al migrante in cerca di lavoro (art. 2), per evitare fuorvianti propagande legate al fenomeno di migrazione (art. 3), per facilitare il loro ingresso e soggiorno nel territorio del Paese ospitante (art. 4), per garantire adeguate cure mediche anche ai loro familiari (art. 5), nonché la possibilità di trasferire il loro reddito dove vogliono (articolo 9). Allo stesso modo, si impegnano a garantire, senza discriminazioni basate su nazionalità, razza, religione o sesso, ai migranti legalmente presenti nel territorio nazionale, un trattamento **non meno favorevole** di quello riservato ai lavoratori nazionali in termini di retribuzione, durata del lavoro, ferie, straordinari, età di ammissione al lavoro, formazione professionale, lavoro femminile e minorile, partecipazione a organizzazioni sindacali e contrattazione collettiva, alloggio (art. 6.1 lettera a), sicurezza sociale (contro infortuni sul lavoro, malattie professionali, maternità, malattia, vecchiaia e morte, disoccupazione e obblighi familiari, nonché contro ogni altro rischio che, secondo la legislazione nazionale, è coperto da un sistema di sicurezza sociale), tasse e contributi all'occupazione e all'accesso alla giustizia.

La **Convenzione n. 143** (adottato nel 1975 ed entrato in vigore il 9 dicembre 1978) è considerato una sorta d'integrazione del primo e della Convenzione ILO sulla discriminazione (occupazione e professione) del 1958 (n. 111).

Questa convenzione merita un'attenzione speciale. L'articolo 1 dello stessa convenzione stabilisce un obbligo generale di tutela, da parte degli Stati contraenti, dei diritti umani fondamentali di "**tutti**" i lavoratori migranti. Ciò indica che gli Stati devono rispettare i diritti umani fondamentali di tutti i lavoratori migranti, evitando di condizionare il loro godimento al particolare status giuridico dello straniero, cioè all'esistenza di un vincolo di cittadinanza o di regolare permesso di soggiorno. La Convenzione intende garantire quel nucleo di diritti umani fondamentali contenuto negli strumenti internazionali per la protezione della persona umana adottati in seno all'ONU. In altre parole, l'obiettivo è garantire al lavoratore migrante, impiegato illegalmente, un **livello minimo di tutela** almeno per quanto riguarda i suoi diritti fondamentali. Inoltre, ogni Stato deve verificare sistematicamente se vi siano lavoratori migranti impiegati illegalmente o in condizioni che siano in conflitto con gli strumenti o accordi internazionali, multilaterali e bilaterali pertinenti o con la legislazione nazionale (articolo 2) e, in caso affermativo, adottare tutte le misure necessarie e appropriate per reprimere la migrazione clandestina e il lavoro illegale di lavoratori migranti (art. 3)[17].

Le suddette convenzioni sono ampiamente complementari alla **Convenzione internazionale sulla protezione dei diritti dei lavoratori migranti e dei membri delle loro famiglie** (di seguito la "Convenzione"), adottata nel 1990 dall'Assemblea generale delle Nazioni Unite, pur assumendo, rispetto a esso, una forma certamente meno ampia, dettagliata e specifica[18].

È lo strumento più completo finora sviluppato a livello internazionale sui diritti dei migranti.

La caratteristica principale della Convenzione è che **i diritti umani fondamentali si** estendono a **tutti** i lavoratori migranti senza alcuna distinzione[19], indipendentemente dal loro *status* giuridico - regolare o irregolare - (parte terza, articoli da 8 a 35)[20], mentre **i diritti aggiuntivi** vengono riconosciuti solo per **i** lavoratori **migranti regolari** e le loro famiglie (articoli da 36 a 56)[21].

Il suo obiettivo è stabilire *standard* minimi di protezione universalmente riconosciuti per i lavoratori migranti e le loro famiglie, ai quali gli Stati senza standard nazionali possono standardizzare la loro legislazione.

La **Convenzione europea sullo status dei lavoratori migranti** (adottata dal Consiglio d'Europa il 24 novembre 1977) si colloca in un contesto molto più ristretto (non più "universale" come quello della suddetta Convenzione)[22] che, tuttavia, si riferisce solo ai **lavoratori migranti legali** e ai cittadini degli Stati membri del Consiglio d'Europa che hanno ratificato la Convenzione stessa.

4. La partecipazione dello straniero alla vita politica dello Stato di soggiorno

Le problematiche relative ai rapporti tra lo "straniero" residente nel territorio e lo Stato ospitante hanno, come accennato in premessa, origini antichissime.

Sebbene il costituzionalismo contemporaneo e il già citato diritto internazionale dei diritti umani siano avanzati nel riconoscimento della necessità di far coincidere il più possibile i diritti del cittadino con i diritti della persona umana (e viceversa), in esso continua a sopravvivere (anche se in modo diverso a seconda dei diversi contesti nazionali) un'importante **area di**

esclusione: i diritti politici. In altre parole, alcuni diritti umani fondamentali sono riconosciuti sia dal cittadino che dallo straniero, ma non tutti i diritti del cittadino corrispondono, mano nella mano, a quelli dello straniero. Come è stato sottolineato, *"c'è una cicatrice tra uomo e cittadino: lo straniero"*.

Tutte le costituzioni democratiche riconoscono i diritti umani fondamentali, che sono diritti universali, ma ci sono anche **diritti fondamentali che non sono universali,** poiché sono riservati dalle Costituzioni esclusivamente a coloro che hanno lo status di cittadini. I diritti politici (e in particolare il diritto dell'elettorato e del passivo) costituiscono l'esempio più eclatante di attribuzione esclusiva al cittadino, ma non sono certo gli unici.

Abbiamo già detto che la nozione di cittadinanza, anche se molto complessa, può essere suddivisa in due linee: cittadinanza orizzontale che indica l'appartenenza degli individui alla stessa comunità politica (cittadinanza-partecipazione) e cittadinanza verticale che indica il rapporto tra l'individuo, come titolare di diritti e doveri e autorità sovrana sul territorio (cittadinanza-appartenenza).

Se volessimo identificare la spina dorsale della cittadinanza, quali diritti e doveri dovremmo sicuramente includere?

In primo luogo, i cittadini godono del diritto di risiedere in qualunque parte del territorio dello Stato: diritto di circolazione e soggiorno (art. 16 Cost.). Quindi, come anticipato, i diritti politici / elettorali sono strettamente legati alla cittadinanza, espressione del più ampio diritto alla partecipazione politica, ai diritti sociali, al dovere di lealtà (dovere anche nel senso giuridico di adesione ai valori della Costituzione) e di sussidiarietà (espressione del più ampio dovere di solidarietà economica, politica e sociale di cui al secondo comma dell'articolo 3 della Costituzione).

Legando alcuni diritti fondamentali solo ai cittadini piuttosto che agli individui in quanto persone, la cittadinanza assume inevitabilmente il ruolo di un'importante limitazione normativa del principio di uguaglianza giuridica. L'integrazione politica, intesa come esercizio dei diritti politici nella sfera pubblica, costituisce senza dubbio la piena espressione, anche in senso simbolico e promozionale, della cittadinanza.

Certo, non sono esclusivamente i diritti politici che soddisfano la condizione di cittadinanza, ma è vero che la legittimità di esercitare tali diritti conferisce al titolare il diritto / potere di partecipare, direttamente o indirettamente, ai processi che portano alla presa decisioni vincolanti per se stessi e per gli altri nella sfera politica di appartenenza.

Quali sono le ragioni principali di tale esclusione?

Già nel XVII secolo, infatti, nacque l'idea che agli stranieri dovesse essere totalmente vietato ricoprire cariche pubbliche, poiché si riteneva che l'esercizio di tali funzioni implicasse una fedeltà incondizionata alle istituzioni, alle leggi e ai principi dello Stato (caratteristiche ritenute non immediatamente appropriate dal non cittadino).

L'idea che agli stranieri dovrebbe essere vietato di esercitare la partecipazione politica è rimasta abbastanza forte negli ultimi tre secoli. La base di questo principio è, in primo luogo, la considerazione dello straniero come una potenziale minaccia alla sicurezza dello Stato e che gli impediva di svolgere qualsiasi funzione pubblica o funzione pubblica. Si temeva inoltre che gli Stati d'origine potessero influenzare il lavoro dei propri cittadini a scapito dello Stato ospitante.

Prima di affrontare e analizzare, anche brevemente, il contenuto della *Convenzione del Consiglio d'Europa sulla partecipazione degli stranieri alla vita pubblica locale* (meglio conosciuta come **Convenzione di Strasburgo),** che continua ad essere l'atto internazionale più importante in materia, è necessaria qualche considerazione aggiuntiva.

Insieme alle libertà strettamente politiche, in generale, i testi costituzionali contengono una serie di diritti che possono essere considerati **strumentali** alla partecipazione politica. Ne sono un esempio la libertà di opinione e di espressione di pensiero, di assemblea e di associazione.

Tali posizioni giuridiche soggettive sono così strettamente legate all'esercizio della partecipazione politica. Se il suo esercizio fosse ostacolato, la stessa possibilità di esercitare i diritti politici sarebbe significativamente compromessa. Sebbene in molti testi costituzionali le suddette libertà si riferiscano alla persona umana in generale, esistono costituzioni in cui sono direttamente imputate solo ai cittadini. Inoltre, si è visto che atti internazionali di natura convenzionale, pur avendo esteso le garanzie di tali diritti a tutte le persone, hanno previsto anche clausole di salvaguardia con particolare riferimento alla partecipazione politica degli stranieri.

Con riferimento alla Dichiarazione Universale dei Diritti Umani del 1948 e al Patto dei Diritti Civili e Politici del 1966, si dovrebbe tener conto che questi atti, pur riservando il diritto di partecipare alla vita politica del proprio Paese solo ai "cittadini" espressamente a favore delle persone in quanto tali, le **libertà di riunione** (art. 19), di **associazione** (art. 22), di **espressione** ed **espressione** del **pensiero** (art. 19 e 20). Tuttavia, queste situazioni vantaggiose possono essere limitate a causa delle clausole generali di limitazione previste dagli atti stessi (ordine pubblico, sicurezza nazionale).

Ne consegue che, nonostante il chiarimento dell'art. 2, co. 1 del Patto (che prevede il divieto di discriminazione nel riconoscimento dei suddetti diritti per motivi, tra gli altri, di razza e origine nazionale), c'è stato chi ha visto in queste clausole di salvaguardia uno strumento per limitare l'esercizio di tali libertà con riferimento agli stranieri, almeno laddove erano esercitati in ambito politico.

Anche la **CEDU**, dopo aver riconosciuto la libertà di espressione, riunione e associazione delle persone e aver impedito agli Stati di discriminare in base alla razza o all'origine nazionale, stabilisce che le disposizioni che contengono tali diritti non possono, tuttavia, essere interpretate nel senso di vietare alle Alte Parti Contraenti l'imposizione di restrizioni all'attività politica degli stranieri.

Dall'insieme degli strumenti sopra citati emerge la volontà degli Stati contraenti di riservare l'esercizio delle funzioni pubbliche e dei diritti politici ai soli cittadini e ciò per il fattore "nazionale" che ne sarebbe alla base. La funzione di partecipazione all'amministrazione della cosa pubblica (diritto di petizione, iniziativa legislativa, referendum, legge elettorale attiva e passiva), secondo questa lettura, può essere riservata solo ai cittadini solo perché costituisce la **quintessenza** della sovranità statale.

Quest'ultimo, come indicato all'art. 1 della nostra Costituzione, appartiene alle persone che lo esercitano nelle forme e nei limiti previsti dalla Costituzione stessa. Il concetto di *popolo,* che designa la comunità di tutti coloro ai quali l'ordinamento giuridico assegna lo *status* di cittadino, assume così una precisa valenza giuridica. La tradizionale preferenza data al criterio di ascendenza per determinare la cittadinanza di un individuo (il cosiddetto *ius sanguinis)* dipende proprio dalla volontà di tutelare la coesione etnico-culturale di una nazione; pur riconoscendo la titolarità della cittadinanza, in sostanza, a chi nasce nel territorio dello Stato o vi risiede per un periodo di tempo ragionevolmente lungo (il cosiddetto *ius soli*), risponde a una vocazione a fondare la coesione di una comunità sui valori condivisi e accolgono e inseriscono nel corpo sociale anche coloro che emigrano dall'estero[23] e "elettivamente" sceglie l'Italia come "luogo" in cui vivere.

Dalla *condizione* di cittadino derivano, quindi, una serie di situazioni giuridiche attive e passive valide per collocare, in modo esclusivo, i cittadini in relazione all'apparato statale dove, invece, i non cittadini sono, di regola generale, esclusi dal godimento di determinati diritti (tipicamente quelli di natura politica) e non soggetti all'adempimento di determinati doveri (anch'essi di natura fondamentalmente politica). Proprio da questo legame tra il godimento dei diritti e l'assunzione di doveri, primo fra tutti il dovere, ai *sensi* dell'art. 54 della Costituzione, di fedeltà alla Repubblica, che per sua natura non può essere imposta agli stranieri, ma più in generale gli obblighi di solidarietà politica di cui all'art. 2 della Costituzione - che tradizionalmente porta all'esclusione degli stranieri dal godimento dei diritti politici, in quanto il **diritto a partecipare alla formazione della cosa pubblica**[24].

Se queste premesse sono date per scontate, ne consegue che, poiché l'adempimento di doveri imperativi costituisce il corollario logico dell'affermazione dei diritti, la naturale esenzione dei non cittadini dallo svolgimento di servizi di solidarietà politica e sociale porterebbe a escluderli anche del godimento dei diritti connessi.

Questa concezione tradizionale (per non dire obsoleta) della cittadinanza e del legame inscindibile tra la *condizione* di cittadino, in quanto appartenenza allo Stato, e la piena partecipazione alla gestione degli "affari pubblici", è stata avallata da vari strumenti e atti internazionali menzionato sopra. Dal suo esame (anche se sintetizzato), risulta che gli stranieri sono, piuttosto, titolari solo dei diritti di espressione del pensiero, informazione, riunione e associazione (e talvolta nemmeno del tutto, poiché gli Stati godono ampi margini di discrezionalità e del principio che la dignità umana sia pilastro fondamentale delle strutture statali democratiche).

Ma, a questo proposito, la *Convenzione* del *Consiglio d'Europa sulla partecipazione degli stranieri alla vita pubblica a livello locale*, aperta alla firma degli Stati membri del Consiglio d'Europa il 5 febbraio 1992 (nota come "Convenzione di Strasburgo"), vale sicuramente la pena di essere analizzata, poiché costituisce il riconoscimento più concreto della presenza di cittadini extracomunitari e un'importante apertura verso il possibile riconoscimento di un nuovo senso di cittadinanza che, almeno, consenta agli "stranieri" di partecipare alla vita della comunità politica locale. La Convenzione è entrata in vigore, per gli Stati che l'hanno ratificata (a oggi, solo otto Stati, mentre altri cinque l'hanno firmata ma non l'hanno ratificata) il 1° maggio 1997.

Gli Stati membri del Consiglio d'Europa, con questa Convenzione, hanno ritenuto ragionevole aggiungere disposizioni volte ad agevolare l'integrazione degli stranieri legalmente presenti nel territorio insieme ad accordi internazionali volti al controllo dei confini europei dell'immigrazione clandestina. Le disposizioni della Convenzione riconoscono a favore degli stranieri extracomunitari il diritto alla partecipazione alla vita pubblica locale, cioè quella dimensione entro la quale gli stranieri legalmente alloggiati entrano in contatto più diretto. Ciò tenendo conto che, come *stabilito* nel *Preambolo* della Convenzione, "i residenti stranieri sono generalmente soggetti agli stessi doveri dei cittadini a livello locale", nonché nella consapevolezza "della partecipazione attiva dei residenti stranieri nella vita e nello sviluppo della comunità locale", nonché nella convinzione "della necessità di migliorare la loro integrazione nella comunità locale, in particolare rafforzando le opportunità di partecipazione alle relazioni pubbliche locali".

La Convenzione di Strasburgo è suddivisa in tre capitoli, rispettivamente dedicati:

1- **libertà di espressione, riunione e associazione (capitolo a)**: questo diritto include la libertà di opinione e la libertà di ricevere o comunicare informazioni o idee senza interferenze da parte delle autorità pubbliche; il diritto alla libertà di riunione pacifica e alla libertà di associazione, compreso il diritto di formare unioni con altri e di unirsi a sindacati per la difesa dei propri interessi. In particolare, il diritto alla libertà di associazione implica il diritto, per i residenti stranieri, di creare le proprie associazioni locali allo scopo di mutua assistenza, conservazione ed espressione della propria identità culturale o difesa dei propri interessi in materie di competenza comunitaria. locale, nonché il diritto di aderire a qualsiasi associazione;

2- alla **reazione degli organi consultivi destinati a rappresentare i residenti a livello locale (capitolo b)**: le parti contraenti si impegnano a garantire che nessun ostacolo legale o di altro tipo impedisca alle autorità locali che hanno un numero significativo di residenti stranieri, creare organi consultivi o adottare altri accordi istituzionali appropriati per stabilire legami tra loro e i suddetti residenti, fornire un forum per il dibattito e la formulazione delle opinioni, dei desideri e delle preoccupazioni dei residenti stranieri su questioni di vita i cittadini locali che li riguardano da vicino, comprese le attività e le responsabilità della comunità locale interessata, promuovendo la loro integrazione generale nella vita della comunità;

Si impegnano inoltre a incoraggiare e facilitare l'istituzione di determinati organi consultivi o l'attuazione di altre disposizioni appropriate a livello istituzionale per rappresentare adeguatamente i residenti stranieri nelle comunità locali che hanno un numero significativo di residenti stranieri nel loro territorio (consultazioni pubbliche, procedure di pianificazione, partecipazione negli organi, comitati formati da stranieri);

3- il **diritto di voto alle elezioni locali (capitolo C):** ciascuna Parte si impegna a concedere il diritto di voto e di essere eleggibile alle elezioni locali a tutti i residenti stranieri, a condizione che soddisfino le stesse condizioni prescritte per i cittadini e che abbia inoltre ha la residenza "legale e abituale" nello Stato da almeno cinque anni.

Da un punto di vista strutturale, la Convenzione, ribadisce all'art. 9, co. 5 che le disposizioni che regolano questa materia non possono in ogni caso essere interpretate nel senso di "limitare o pregiudicare i diritti che potrebbero essere riconosciuti in base ad altre disposizioni o trattati di cui uno Stato è parte"; in pratica conferma la tecnica già adottata da molti trattati internazionali sui diritti fondamentali (**clausola di posizione più favorevole**). Gli Stati sono liberi di ampliare il campo di applicazione della disciplina dei diritti coperti dalla Convenzione ad altre situazioni giuridiche soggettive, poiché si limita a fornire una base minima.

Per quanto riguarda i destinatari previsti dalla Convenzione, è evidente che la figura è quella dello straniero regolarmente soggiornante nel territorio, cioè titolare di tutti i documenti di soggiorno in corso di validità e iscritto all'anagrafe del comune di residenza.

Una prima conclusione che si può trarre dal contenuto della Convenzione è che essa rappresenta indubbiamente una novità, poiché mira a garantire allo straniero regolarmente presente l'effettivo esercizio di alcune libertà funzionalmente legate alla partecipazione politica. Con riferimento poi alla partecipazione politica, la Convenzione contiene dichiarazioni generali che lasciano agli Stati firmatari la più ampia libertà nella regolamentazione delle singole istituzioni, senza escludere la successiva disciplina delle materie inizialmente non comprese nello strumento di ratifica. Il riconoscimento agli Stati di questa ampia discrezionalità nella scelta degli strumenti da scegliere per favorire la partecipazione degli stranieri alla vita politica, è stato concesso anche per la varietà di situazioni che possono sorgere non solo tra Stato e Stato, ma anche all'interno del Paese tra enti territoriali dello stesso Stato. In altre parole, gli Stati si sono resi conto che sarebbe stato difficile ideare un modello uniforme per la partecipazione degli stranieri alla vita pubblica locale, valido per tutti gli ordinamenti. Ciò è principalmente dovuto al fatto che gli strumenti esistenti di partecipazione alle realtà locali sono molto diversi (i referendum locali non sono previsti ovunque, i poteri degli enti locali minori non sono gli stessi, le richieste e il diritto d'iniziativa differiscono notevolmente. da un ordinamento giuridico all'altro).

L'Italia è stato uno dei primi Paesi a firmare e ratificare la Convenzione di Strasburgo con la Legge n. 203/1994, ma avvalendosi della facoltà concessa dall'art. 1, paragrafo 2 della Convenzione, ratifica è stata limitata ai soli primi due capitoli (A e B), che giustifica l'opzione di non ratificare il capitolo C in base al fatto che la Costituzione assegna la proprietà diritto di voto solo per i cittadini. In quest'ultimo senso e sulla necessità di una riforma costituzionale che consenta agli stranieri con residenza legale di esercitare il diritto di voto alle elezioni amministrative, c'è una diversità di posizioni nella dottrina. Valerio Onida, ad esempio, ritiene che la Costituzione garantisca il diritto di voto ai cittadini ma non ne esclude l'estensione ai non cittadini residenti.

Inoltre, il diritto di voto ai non cittadini è stato riconosciuto in diversi modi in Danimarca, Belgio, Paesi Bassi, Regno Unito, Spagna, Svezia, Estonia, Lituania, Repubblica Ceca, Slovacchia, Slovenia e Ungheria. Insieme a Italia, Francia, Germania e Grecia mantengono ugualmente un sistema molto più tradizionale.

5. Diritti universali e sovranità statale

La regolamentazione dello status giuridico dello straniero rivela le difficoltà intrinseche di convivenza tra i diritti universali della persona umana e le prerogative di una sovranità statale che vuole difendere il proprio territorio oltre che la sicurezza e il benessere dei propri cittadini.

I diritti universali della persona umana e la sovranità rappresentano in questo senso due orizzonti che, assolutizzati, finiscono per essere inconciliabili. Se si prendono "sul serio" i diritti della persona umana, garantendoli a chiunque, ovunque si trovi, assumendo una libertà di movimento e di residenza transnazionale, si entra nella prospettiva di un mondo senza frontiere in cui lo Stato-nazione (i cui elementi la sovranità, le persone e il territorio sono immancabili) se non morisse davvero, vivrebbe in una sorta di coma vegetativo, avendo perso i suoi elementi essenziali: i suoi cittadini e il controllo del suo territorio. Se, al contrario, prevalgono e trionfano le esigenze di uno Stato fortezza, inevitabilmente i diritti della persona umana coincidono con i diritti dei cittadini o, nella migliore delle ipotesi, di quelli che assomigliano sempre più ai propri cittadini.

È chiaro che teoricamente le due prospettive, quando assolutizzate, si escludono a vicenda. Ma molto spesso ciò che è teoricamente inconciliabile nella pratica deve essere riconciliato affinché prevalgano i compromessi.

Ma cosa comporta una soluzione di compromesso?

Che i diritti universali, a scapito dell'aggettivo, sono validi nella misura in cui esiste un determinato luogo (territorio) in cui possono essere esercitati (con il solo significato di richiedenti asilo e rifugiati). In altre parole, con la positivizzazione dei diritti fondamentali (si veda l'articolo 13 della Costituzione italiana o l'articolo 9 del Patto internazionale sui diritti civili e politici), cioè quando i vecchi diritti naturali sono consacrati dalle Costituzioni come universali, questi acquistano concretezza ma perdono l'universalità: non sono più diritti umani, ma diritti del cittadino di questo o quel particolare Stato; ciò è dovuto al fatto che il suo universo giuridico positivo coincide con quello dell'ordine interno dello Stato, in modo tale che i diritti umani finiscono per appiattirsi sui diritti del cittadino e l'universalità dei diritti umani si dissolve in una universalità parziale.

In secondo luogo, l'equilibrio tra l'universalità dei diritti e le prerogative di sovranità implica che non per tutti i diritti universali la presenza nel territorio sia condizione necessaria e sufficiente per poterne godere. Alcuni diritti possono essere goduti solo dai cittadini, come i diritti politici, ma anche la libertà di circolazione e di soggiorno all'interno del territorio dello Stato, che per gli "stranieri" è subordinato all'autorizzazione ad entrare nel proprio territorio. Proprio con riferimento a quest'ultima ipotesi, si può parlare di *diritti* e *sub condizioni temporanei* proprio perché subordinati a scelte discrezionali.

Queste premesse portano ad affrontare la questione della situazione giuridica dello straniero, da un lato distinguendo tra straniero-umano, singolo richiedente asilo, singolo soggetto regolarmente o irregolarmente presente e, dall'altro, sottolineando la centralità delle regole regolamentare l'ingresso e l'espulsione dal territorio come **termometro** del tipo di equilibrio raggiunto e chiave per comprendere il processo di inclusione/esclusione dal godimento dei diritti.

Il problema principale e più drammatico non è quello di godere dei diritti delle persone una volta entrate, ma proprio quello di entrare e rimanere nel territorio di uno Stato. Ovviamente una politica migratoria che offra ampie possibilità di guadagno attraverso il ricongiungimento familiare o la ricerca di lavoro o studio sarà sintomatica di un certo modo di considerare il principio di effettività dei diritti umani; viceversa, una politica decisamente orientata al desiderio di subordinare l'input alle presunte curve di offerta di lavoro corrisponde agli interessi dello Stato fortezza.

Come vedremo, se il legislatore italiano del 1998 (anche nel rispetto delle restrizioni derivate dall'Accordo di Schengen) ha tentato un equilibrio tra "diritti per chi entra, ma severi controlli all'ingresso", la normativa del 2002 (Bossi-Fini) e quella del 2009 (il cosiddetto "pacchetto sicurezza", legge n. 94 del 15 luglio 2009, "Disposizioni in materia di sicurezza dei cittadini) è stata progressivamente e vigorosamente orientata nella direzione di un utilizzo strumentale degli stranieri come mera manodopera, in quanto soggetto la cui unica "merce di scambio" continua ad essere lo svolgimento della propria opera, la qualità del non cittadino come persona umana diventa sempre più recessiva. Certamente ci sono alcuni diritti che, proprio perché riconosciuti dalla Costituzione come dotazione di status giuridico inalienabile di ogni persona umana, nemmeno il legislatore più restrittivo potrebbe negare senza "allertare" tutte le organizzazioni internazionali (ONU, UNHCR, Petroleum, UE, per citarne alcune). E ciò è dovuto anche al fatto che, come detto sopra, questi diritti sono previsti dalla cosiddetta "legge internazionale sui diritti umani" che deve essere rispettata dalla legge che disciplina la condizione giuridica degli stranieri.

Un ultimo aspetto merita di essere sottolineato.

La tipica "punizione" riservata agli stranieri per aver violato le regole dell'ordinamento giuridico è l'espulsione (riedizione del vecchio istituto di esilio). Nell'attuale fase di globalizzazione, le leggi nazionali vengono adeguate all'esclusione dei non cittadini, stabilendo meccanismi di controllo transnazionali, stipulando accordi con i governi dei Paesi di origine per impedire la partenza dei migranti o facilitando la loro riammissione, stabilendo regole di concorso per domande di asilo per evitare che si ripetano in altri Paesi e così via. Gli immigrati espulsi da uno dei paesi dell'Unione Europea, o "denunciati" dalla polizia di uno degli Stati membri, vengono registrati in una banca dati comune per garantire l'efficacia del divieto di rientro in tutti gli altri Stati dell'Unione. Pertanto, l'espulsione diventa un meccanismo transnazionale che può impedire l'accesso legale a una parte considerevole del mondo occidentale e sviluppato. Si ritiene che le conseguenze "umane" di questo meccanismo non debbano essere commentate ma restino nella coscienza di ciascuno dei "cittadini" e dei "cittadini" degli Stati "democratici".

Posso domandarti un favore?

Se questo libro ti è piaciuto e lo hai trovato utile, sarei molto contento se tu potessi postare un commento o una breve recensione.

Leggo personalmente tutte le recensioni, in modo da poter scrivere quello che veramente i lettori vogliono e che stanno cercando.

Grazie per il tuo supporto!

Note Legali

###

---

[1] Alcuni dati potrebbero essere utili. Secondo i dati forniti dalla Commissione nazionale per il diritto di asilo, nel 2008, a fronte di 22.136 richieste di protezione internazionale esaminate dalle commissioni territoriali per il riconoscimento della protezione internazionale (ai sensi dell'articolo 4 del d.lgs. 25/2008) , in 1695 casi (7,66%) è stato riconosciuto lo status di rifugiato, in 7054 casi (31,87%) è stata riconosciuta la protezione sussidiaria (ai sensi degli articoli 14 e seguenti del D.lgs. 251/2007) e in 2100 casi (9,49%) le commissioni territoriali per il riconoscimento della protezione internazionale hanno deciso di inviare i documenti al questore per l'eventuale rilascio del permesso di soggiorno per la cosiddetta protezione umanitaria. Ciò significa che in 10.849 casi su 22.136 (49,01%) le autorità italiane competenti hanno

ritenuto che le persone interessate avessero in qualche modo bisogno di una qualche forma di protezione politica / umanitaria e che quindi dovessero essere forniti del rilascio del permesso di soggiorno.

[2] Eventualmente riconosciuto negli uffici di missioni diplomatiche o consolari, organizzazioni internazionali, su navi militari, ecc.

[3] La Convenzione di Ginevra del 1951 (ratificata dall'Italia nel 1954) e il Protocollo di New York del 1967 sono considerati i due pilastri normativi, a livello internazionale, sui diritti dei rifugiati.

Sono gli strumenti fondamentali con cui gli Stati firmatari garantiscono la loro protezione alle persone che richiedono lo status di rifugiato. Rappresentano gli strumenti essenziali su cui si basa l'attività dell'UNHCR (Alto Commissario delle Nazioni Unite per i Rifugiati, con sede a Ginevra, istituito nel 1951 e finalizzato alla protezione dei rifugiati a livello internazionale). Il Protocollo di New York del 1967 superava le due riserve originarie della Convenzione di Ginevra: la riserva temporanea (esclusione della protezione per eventi verificatisi dopo il 1951) e quella geografica (protezione concessa solo ai rifugiati europei).

[4] In conformità con le disposizioni della Convenzione di Ginevra del 1951, il rifugiato gode dello stesso trattamento dei cittadini italiani in materia di: libertà religiosa ed educazione religiosa; educazione elementare; accesso ai tribunali e assistenza legale; tutela della proprietà industriale, letteraria, artistica e scientifica; assistenza pubblica (servizi del sistema socio-sanitario, con registrazione obbligatoria nel Servizio Sanitario Nazionale, d'invalidità e pensioni di vecchiaia, i sussidi per gli indigenti); legislazione del lavoro (compreso l'accesso al lavoro) e sicurezza sociale; oneri fiscali.

Il rifugiato riconosciuto gode di un trattamento non meno favorevole di quello riservato agli stranieri legalmente residenti in tutte le altre materie (in particolare per quanto riguarda l'acquisto di beni mobili e immobili, il lavoro autonomo, le libere professioni, titolo di studio diverso da quello elementare, libertà di movimento).

Sono inoltre previste disposizioni speciali per i rifugiati in materia di ricongiungimento familiare e acquisizione della cittadinanza italiana per naturalizzazione, nonché in merito alla possibilità di accedere a contributi speciali.

Inoltre, le disposizioni generali sull'ingresso, il ritorno e l'espulsione non si applicano ai richiedenti asilo e ai rifugiati .

Uno straniero che è stato concesso lo status di rifugiato automaticamente perde questa condizione se si richiede il ritorno del loro passaporto nazionale (se si è tenuto presso la sede della polizia al momento del deposito della domanda di riconoscimento) e contemporaneamente dichiara di rinunciare allo status di rifugiato.

Inoltre, uno straniero perde lo status di rifugiato se:

- richiede la restituzione del passaporto nazionale, senza contestualmente dichiarare la rinuncia allo status di rifugiato;

- ottiene dal Paese di origine (e di persecuzione), dopo la data di riconoscimento dello status di rifugiato, il rilascio di un passaporto nazionale;

- ritorna, anche per un breve periodo, nel Paese di origine (e di persecuzione) con il passaporto nazionale o documento di viaggio per rifugiati, oppure ritorna per stabilirsi in quel Paese.

Tuttavia , in tali casi, la perdita dello status di rifugiato non è automatica , ma viene pronunciata dalla Commissione Centrale secondo una procedura simile a quella seguita per il riconoscimento dello status.

[5] L'**estradizione** è la consegna di una persona in uno Stato estero perché sarebbe sottoposta a processo (o esecuzione della pena) per comportamenti che anche in Italia sono considerati reati.

L'articolo 10.4 della Costituzione vieta l'estradizione di stranieri per motivi politici (che, tuttavia, non includono crimini di genocidio o crimini contro l'umanità), mentre la Corte costituzionale ha negato tale estradizione per reati punibili con la morte nel Paese richiedente.

[6] L'**espulsione**, invece, è l'atto con cui lo Stato allontana uno straniero dal proprio territorio, rinviandolo nello Stato di appartenenza o di origine.

[7] Germania, alla fine degli anni Ottanta, dovette fare i conti, ad esempio, con l'enorme afflusso di persone dalla Germania dell'Est che, potendo beneficiare delle regole di naturalizzazione (essendo di origine tedesca), riuscirono a ottenere il riconoscimento di diritti di cittadinanza.

[8] I trattati occupano un secondo posto nella gerarchia delle fonti, poiché trovano in una norma consuetudinaria, pacta sunt servanda , la base del loro obbligo. Tuttavia, ciò non significa che un accordo non possa abrogare un'usanza. Queste ultime, infatti, sono caratterizzati da una certa flessibilità che ne consente la rinuncia previo accordo. Tuttavia, è opinione comune che esista un gruppo di norme generali di diritto internazionale obbligatorie (i cosiddetti ius cogens). Si tratta di norme imperative accettate e riconosciute dalla comunità internazionale degli Stati nel suo insieme, che non possono essere abrogate e che non possono essere modificate se non da una norma di diritto internazionale che abbia lo stesso carattere.

[9] Si tratta di un "accordo di codificazione", al quale si deve il merito di aver codificato (trascritto) le norme internazionali consuetudinarie che governano il processo di formazione, nonché i requisiti per la validità e l'efficacia dei trattati.

[10] L'ONU (Organizzazione delle Nazioni Unite) è la principale organizzazione internazionale. Creato e governato dalla Carta di San Francisco del 26 giugno 1945, firmata da 50 paesi, costituisce un tentativo di rilanciare il progetto fallito della Società delle Nazioni, a sua volta creato dopo la prima guerra mondiale. I principali organi dell'ONU sono: l'Assemblea Generale (composta da tutti gli Stati membri), il Consiglio di Sicurezza (composto da 15 membri di cui 5 permanenti - Cina, Francia, Regno Unito, Russia e Stati Uniti - e il altri eletti per un periodo di due anni); il Consiglio Economico e Sociale, la Corte Internazionale di Giustizia, il Segretariato Generale, il cui capo è eletto dall'Assemblea su raccomandazione del Consiglio di Sicurezza per un periodo di cinque anni.

[11] Entrambi costituiscono i primi strumenti internazionali completi e legalmente vincolanti nel campo dei diritti umani e, insieme alla Dichiarazione universale dei diritti dell'uomo, costituiscono il nucleo del **Codice internazionale dei diritti umani.**

[12] La protezione dei diritti umani in Europa fa parte del quadro istituzionale del Consiglio d'Europa e si basa sulla Convenzione europea del 1950 e sulla Carta sociale europea (1961), uno strumento che prevede la protezione dell'economia e dei diritti, recentemente modificato da una carta rivista entrata in vigore nel 1999.

[13] Il divieto di allontanare dal territorio persone che rischiano di subire atti di tortura o trattamenti crudeli, inumani o degradanti nello Stato di destinazione è un divieto assoluto che non ammette eccezioni in nessuna circostanza. Né le situazioni di emergenza nazionale che minacciano lo Stato, né particolari caratteristiche personali, possono giustificare il trasferimento della persona in tali casi. Per quegli Stati europei che hanno aderito alla CEDU (il cui articolo 3 prevede espressamente il divieto di tortura e trattamenti inumani o degradanti), è assolutamente vietato espellere, estradare o espellere una persona per qualsiasi motivo dal proprio territorio se sussistono i motivi. per motivi di ritenere che l'interessato sia in serio pericolo di violazione dei suoi diritti fondamentali nello Stato di destinazione.

[14] Soprattutto ONG come Emergency, Medici senza Frontiere, Amnesty International, Human Rights Watch, la Comunità di Sant'Egidio, che lavorano anche per i governi affinché rispettino gli standard internazionali stabiliti per proteggere quei diritti.

[15] Il Consiglio d'Europa (da non confondere con il Consiglio europeo, che è un'istituzione comunitaria) è un'organizzazione internazionale creata dopo la seconda guerra mondiale per promuovere lo sviluppo degli ideali di democrazia e rispetto dei diritti umani. Lo Statuto del Consiglio d'Europa individua come obiettivo "raggiungere una più stretta unione tra i suoi membri al fine di proteggere e realizzare gli ideali e principi che sono il loro patrimonio comune e per promuovere il loro progresso economico e sociale" (art 1, lettera a). Gli

Stati membri "accettano i principi dello Stato di diritto e del godimento dei diritti umani e delle libertà fondamentali da parte di tutte le persone sotto la loro giurisdizione" (art. 3).

[16] L'ILO è un istituto specializzato delle Nazioni Unite, che opera sulla base di un "accordo di collegamento" stipulato tra le due organizzazioni ai sensi dell'art. 57 della Carta delle Nazioni Unite. Pur essendo un'istituzione autonoma rispetto all'ONU, si può affermare che, entro certi limiti, è comunque soggetta al suo controllo e coordinamento. L'ILO è stata istituita con i trattati di pace che hanno posto fine alla prima guerra mondiale, e le sue funzioni più importanti consistono nell'emissione di raccomandazioni con le quali si propone di guidare l'azione e la politica degli Stati, e nella preparazione del progetto contratti di lavoro. Per quanto riguarda la sua composizione, l'ILO ha una struttura diversa rispetto ad altre organizzazioni internazionali, o meglio sui generis, poiché si ispira al principio del "tripartitismo". I suoi organi collegiali sono costituiti non solo da rappresentanti del governo, ma anche da rappresentanti dei datori di lavoro e dei lavoratori di ogni Stato membro. I principali organi dell'ILO sono la Conferenza Internazionale del Lavoro, che è l'organo dell'assemblea; il Consiglio di Amministrazione, che ha una composizione minore, anch'essa basata sul tripartitismo; e l'Ufficio internazionale del lavoro, composto da funzionari guidati da un Direttore generale, con funzioni di Segretariato.

[17] Il Comitato di esperti dell'ILO, nel giugno 2008, ha chiesto al governo italiano di rispondere a sette domande prima di settembre 2008:

1) Fornire informazioni dettagliate sulle strategie sviluppate dalla Direzione nazionale dell'immigrazione e dalla polizia di frontiere per combattere l'immigrazione irregolare

2) Fornire informazioni sulle misure adottate o previste dall'Accordo di Tripoli per eliminare il flusso di immigrati irregolari e indicare eventuali altre misure adottate con altri Paesi in tal senso

3) Fornire informazioni sugli sviluppi legislativi relativi alla protezione degli immigrati che sono stati vittime di abusi e sfruttamento e l'istituzione di una commissione che identifichi le azioni per combattere la violenza e lo sfruttamento degli immigrati

4) Fornire informazioni sugli obiettivi e la definizione del reato di immigrazione clandestina e tenere informata la Commissione sui progressi legislativi in materia

5) Indicare come viene garantito che i lavoratori migranti stagionali che hanno perso prematuramente il lavoro non siano considerati illegali

6) Considerare la possibilità di modificare nel prossimo futuro il Testo Unico per introdurre misure che consentano ai migranti che si oppongono a un decreto di espulsione di rimanere nel Paese per la durata del caso

7) Relazione sui miglioramenti nelle iniziative e sul loro impatto per promuovere le pari opportunità e di trattamento tra i lavoratori nazionali e immigrati, in particolare per quanto riguarda le donne immigrate.

Infine, si chiede all'Italia di dare piena attuazione alla Convenzione 143 "nella legge e nella pratica".

[18] L'Italia non ha ancora aderito a questa importante Convenzione (composta da 93 articoli) che ripropone tutti i diritti del codice internazionale dei diritti umani con riferimento alla situazione dei lavoratori migranti e delle loro famiglie.

[19] Per **lavoratore dipendente migrante** si intende, ai sensi dell'art. 2.1 della Convenzione, chiunque "eserciti, eserciti o abbia svolto un'attività remunerata in uno Stato di cui non appartiene".

[20] Ricordano l'art. 8 sulla **libertà di movimento**, art. 22 **sul divieto di espulsione collettiva**, nonché artt. 25-31 rispettivamente sull'obbligo di garantire al lavoratore migrante un trattamento non meno favorevole di quello riservato al lavoratore nazionale in termini di condizioni di lavoro, diritto alla partecipazione sindacale, diritto alla sicurezza sociale, assistenza medica, istruzione, rispetto dell'identità culturale.

[21] Questi includono il diritto al **ricongiungimento** familiare (art. 44) e il divieto di **espulsione** (art. 56).

[22] Sempre nell'ambito del Consiglio d'Europa, la Carta sociale europea rivista, adottata nel 1996, stabilisce che "i lavoratori migranti cittadini di una delle Parti e le loro famiglie hanno diritto alla protezione e all'assistenza nel territorio"(art. 19).

[23] In Italia è la legge 5 febbraio 1992, n. 91 che stabilisce le regole che regolano il modo in cui la cittadinanza viene acquisita, persa e riacquistata.

La legge sulla cittadinanza del 1992 ha modificato la vecchia legge sulla cittadinanza del 1912, che conteneva tutta una serie di disposizioni altamente discriminatorie, soprattutto per quanto riguarda le donne. La riforma del 1992 può aver rappresentato un'importante opportunità per inviare un messaggio di inclusione, ma non è stato così. Infatti, per alcuni aspetti, ha contribuito a rendere difficile l'integrazione degli immigrati aumentando da cinque a dieci anni il periodo necessario per ottenere la cittadinanza. In termini generali, si può affermare che la legge del 92 ha introdotto norme più severe e restrittive di quelle del 1912 in merito all'applicazione dello *ius soli* consentendo l'acquisizione della cittadinanza italiana da parte di stranieri solo in presenza del requisito della residenza continuativa nel Paese dal momento della nascita fino alla maggiore età.

Detto questo, secondo la legge in questione, sei cittadino italiano:

a) **per nascita,** figlio di cittadino italiano, madre o padre (*ius sanguinis*), e anche quelli nati nel territorio della Repubblica da genitori sconosciuti, apolidi o che, comunque, non possono trasmettere la cittadinanza di un altro Paese (domanda residuo di *ius soli*);

b) **per estensione o trasmissione** da coniuge italiano a cittadino non italiano (residenza legale in Italia per un periodo di almeno due anni, ma il periodo si riduce della metà in presenza di figli, anche adottivi; dopo tre anni se residente all'estero; matrimonio valido, assenza di condanne penali, assenza d'impedimenti legati alla sicurezza nazionale), o da genitori italiani a figli adottivi o riconosciuti dopo la nascita (*c.d. iuris communtio*), in ragione della valore costituzionale del nucleo familiare;

c) **per concessione** in presenza di una serie di requisiti (straniero con residenza legale da almeno 10 anni; cittadino dell'Unione Europea da almeno 4 anni; straniero discendente di un cittadino italiano residente in Italia da 3 anni; cinque anni per apolidi e rifugiati, nonché per gli stranieri maggiorenni adottati da cittadini italiani).

In tali casi la cittadinanza è concessa su richiesta, con Decreto del Presidente della Repubblica, sentito il Consiglio di Stato, prestato giuramento di fedeltà alla Repubblica e osservata la Costituzione e le leggi italiane.

Ricordiamo che ai sensi dell'art. 22 della Costituzione, nessun cittadino può essere privato della cittadinanza per motivi politici. L'assimilazione di cittadinanza e capacità giuridica delinea la natura della garanzia minima essenziale della libertà / dignità dell'individuo davanti alle autorità pubbliche.

[24] Art. 48, co. 1 della Costituzione, stabilisce che il diritto all'elettorato attivo e passivo appartiene a tutti "i cittadini, uomini e donne, che abbiano raggiunto la maggiore età"; Articolo. 52, co. 1 afferma che "la difesa della patria è un sacro dovere dei cittadini" e l'art. 54, co. 1 aggiunge che "tutti i cittadini hanno il dovere di essere fedeli alla Repubblica e di osservare la sua Costituzione e le sue leggi".

www.ingramcontent.com/pod-product-compliance
Lightning Source LLC
LaVergne TN
LVHW040432051026
849517LV00002B/564